마케팅
인터뷰

마케팅 인터뷰

MARKETING INTERVIEW

上野 啓子 우에노 게이코 지음
김용덕 옮김

OROM
내마음의 책

마케팅 인터뷰

초판 발행 2018년 4월 13일
지 은 이 우에노 게이코
옮 긴 이 김용덕
발 행 인 이호열
발 행 처 오롬(주)
등 록 제15-28호(1997년 10월 16일)
주 소 04622 서울 중구 필동로 37 평강빌딩 3층
전 화 (02)2273-7012
팩 스 (02)2278-9818

ISBN 978-89-85845-86-1 03320

*잘못된 책은 구입하신 서점에서 바꾸어 드립니다.
*책값은 뒤표지에 있습니다.

이 도서의 국립중앙도서관 출판예정도서목록(CIP)은 서지정보유통지원시스템 홈페이지(http://seoji.nl.go.kr)와
국가자료공동목록시스템(http://www.nl.go.kr/kolisnet)에서 이용하실 수 있습니다.(CIP제어번호: CIP2018010983)

머리말

현장을 알기 위해서

서핑 애호가를 대상으로 파도에 관한 정보를 인터넷이나 휴대전화를 통해 제공하는 서비스가 있다고 한다. 서핑하기에 적당한 파도가 치는 장소를 알 수 있기 때문에 분명 편리할 것이다.

그런데 한 프로 서퍼가 그런 정보에 의존하지 않고 24시간 바다 상황에 신경 쓰며 관찰하는 태도의 중요성을 TV에서 열정적으로 얘기하는 모습을 봤다.

"훌륭한 라이딩은 나 혼자서 만들어 내는 것이 아니라 파도가 훌륭한 라이딩을 연출해 준다. 무엇보다 가장 신경 쓰는 부분은 언제 좋은 파도가 오는가", "일정 수준 이상의 실력을 뛰어 넘게 되면 좋은 파도를 알아 본 사람이 이기지 않겠는가? 서핑 기술도 중요하지만 좋은 파도를 알아보는 안목이 제일 중요하다"는 취지의 발언이었다. 좋은 파도가 올지 안 올지를 알아보기 위해서는 파도가 발생하는 기본적인 메커니즘, 해저의 지형, 기압의 변화, 풍향 등 다양한 지식에 기반해 바다를 관찰해야 한다고 한다.

마켓터 (Marketer)가 하루가 다르게 변화하는 시장환경을 자신의 눈과 머리로 끊임없이 뒤좇는 일은 프로 서퍼가 바다를 관찰하는 것과 같지 않을까? 마켓터가 전략론, 마케팅 이론 등을 책으로 배우며 신문, 잡지, 인터넷 등에서 도움이 될 만한 정보를 얻는 일은 분명 중요하다. 하지만 직접 고객을 관찰하고 고객과 대화하며 현장을 경험하는 일 또한 못지않게 중요하다.

"발견" = 힌트를 찾아서

비즈니스 현장을 파악하기 위한 방법 중 하나로 인터뷰 조사가 있다. 이 인터뷰는 잡지, 신문, TV 등에 발표를 전제로 실시하는 조사와는 다르다. 제품이나 기업 브랜드에 관련된 문제를 조사하고 해결 하기 위해 일반소비자나 전문가를 대상하는 실시하는 청취 조사다. 필자는 이러한 조사에서 인터뷰어(전문적으로는 모더레이터(moderator)라고 함)로 활동하면서 최근 15년 동안 약 2만 명 이상의 소비자, 전문가의 의견을 들어왔다. 이런 경험에 비추어 말할 수 있는 사실은 소비자의 생각을 '끌어내기' 위해서는 노하우가 필요하는 점이다. 막연한 질문만 늘어 놓아서는 제대로 된 답을 들을 수 없다. 인터뷰의 진행 방법, 질문 방법, 이야기를 받아주는 방법 그리고 사람의 의식을 파헤치는 방법을 공부하고 터득하고 실천함으로써 묻고 싶었던 질문에 대한 대답을 '끌어 낼' 수 있게 된다.

때에 따라 인터뷰어는 물론이고 인터뷰 대상자 자신도 몰랐던 부분을 '끌어 내기'도 한다.

사람에게는 상상력과 직관이라는 능력이 있다. 이 능력을 잘 고안된 질문으로 자극하여 인터뷰 대상자 자신도 지금껏 의식하지 못했던 직관적이고 감정적인 대답을 이끌어 낼 수 있다. 진정 내실 있는 인터뷰란 인터뷰어뿐 만 아니라 인터뷰 대상자까지도 의식하지 못했던 사실을 '발견'하는 자리라 할 수 있다. 이 '발견'이야말로 비즈니스 특히, 상품개발과 마케팅 전략 수립에 있어 힌트가 되는 경우가 많다. 이 책에서는 이러한 힌트를 끌어내기 위한 인터뷰 기술에 대해 해설하고자 한다.

인터뷰 조사를 보다 쉽게 이해할 수 있도록 하기 위해 이책에서는 가능한 사례를 들어 설명했다. 이 사례는 실례를 그대로 기술한 것은 아니다. 인터뷰의 본질을 이해하는데 있어 최적의 예시를 만들기 위해 필자의 지금까지의 경험을 재구성하여 창작한 것이다.

이 책을 읽은 분들이 조금이라도 마케팅 인터뷰의 본질을 이해하고 흥미를 느끼시기를 기대해 본다.

2004년 7월 우에노 게이코

독자의 감상

마케터 초년생의 필독서

이 책은 모든 마케터 초년생의 필독서라고 생각합니다. 특히 마케팅 조사를 실시하고 가설과 전략 입안을 해야 하는 입장에 있는 분들 중에 소비자들을 어떻게 인터뷰하면 좋을지 고민을 하시는 분들에겐 특히나 좋을 것 같습니다.

실무가이시고 마케팅 인터뷰의 프로페셔널이신 우에노 게이코씨가 쉬운 말로 알기 쉽게 쓴 책이라고 생각 됩니다.

구체적으로 어떤 상황에서 도움이 되었는지 제가 경험한 한 예를 들어 말씀 드리겠습니다.

저는 MBA 1년 차 과정에서 마케팅 매니지먼트를 어느 정도 배운 후에 써머 인턴십 프로그램을 통해 3개월간 마케팅 전략 수립하는 일에 종사 했습니다. 영업직 경험은 있었지만 본격적인 마케팅 업무는 처음이었습니다. 익숙하지 않은 상태에서 전략 입안의 일환으로 마케팅 인터뷰를 실시해야만 했습니다. 구체적으로는 Focus Group Interview와 In-Depth Interview등을 실시해야만 했습니다. 이런 것들을 어떤 식으로 실시하면 유용한 의견을 끄집어 낼 수 있을지 모두

고심을 해야만 했습니다. 두껍기만 한 코틀러 등이 쓴 마케팅 매니지먼트의 원론적인 책에는 고객의 잠재적인 니즈와 기호를 알아내는 기술에 대해서는 상세하게 써 있지 않았습니다. 마케팅 리서치 책도 몇 가지 있었지만, 실제 인터뷰에서 효과를 발휘하지 못할 듯한 기법들뿐이었습니다. 이러한 과제를 해결해주는 노하우를 제공해준 것이 이 책이었습니다. 풍부한 인터뷰 사례가 인터뷰에 익숙하지 않은 독자들에게 인터뷰 진행 시에 범하기 쉬운 실수, 대상자의 진의를 잘못 읽어 내는 실수와 그 해결법, 좋은 질문의 방법 등을 제시해 주고 있습니다.

실제로 이 책에 써 있는 스킬을 잘 소화해서 적재적소에 사용하게 되기까지는 상당한 훈련이 필요하겠지만 기본적인 요점을 알 수 있다는 점에서 상당히 높게 평가 할 수 있다고 생각합니다.

막연한 질문만으로는 소비자의 본심을 끄집어낼 수 없다

저자 우에노 씨는 국내외 제조기업으로부터 의뢰를 받아 직접 소비자와 접하면서 신제품 개발과 기존 제품 개선 등을 이끌어온 분이다.

그녀는 여태까지 10년간 1만 명 이상의 소비자들의 목소리에 귀를 기울여 왔다. 소위 말하는 "물어서 캐내는 것의 전문가"이다. 이 「캐내는」것을 테마로 쓴 책이 이 책이다.

이 책에서는 소비자의 본심과 의견을 「캐내기」 위한 인터뷰 진행

방법, 질문 방법, 이야기를 받아주는 방법, 그리고 사람의 의식을 파헤치는 기법 등을 구체적인 인터뷰 중의 대화 속에서 배울 수 있다.

또한 정말 알찬 수확이 있는 인터뷰란 인터뷰어뿐 아니라 인터뷰의 대상자도 "깨우침"을 얻을 수 있는 것이 많다는 필자의 생각에 실로 동의하며, 이것은 노구치 유키오 선생의 저서 「초 문장법」에서도 다음과 같이 일맥상통한 표현을 하고 있다. "많은 비즈니스는 대화라는 경험에서 깨우칠 수 있기 때문에 기업가분들께는 꼭 이 스킬을 배우길 권하고 싶습니다" 라고.

인터뷰 활용을 위한 실용적 입문서!

인터뷰를 행함으로써 정성적으로 유저의 니즈를 파악하려고 하는 마케터와 리서처는 많이 있다. 그러나 인터뷰에 너무나 직접적인 결론과 해결책을 기대하는 경향이 강한 것도 사실이다.

이 책은 이러한 정성 조사에 관여하는 마케터와 리서처를 대상으로 하는 실용적인 입문서로 분류할 수 있을 것이다. 인터뷰의 방법론을 구체적인 예를 들면서 알기 쉽게 해설하고 있다. 방법의 이론적인 배경과 구조에 관해서도 조금 더 파고 든다면 전문가도 납득할 수 있는 책이 될 것이라고 생각한다.

이 책은 당신이 인터뷰를 적절하게 실시하고 효과를 최대한으로 활용해 매력적인 상품, 서비스 개발을 할 수 있도록 도움을 줄 수 있으리라 생각된다.

'묻는 기술' 보다 도움이 되는 '물어서 캐내는 기술'

인터뷰라는 것은 대화하고는 당연히 다른 것이다. 미리 의도된 질문을 가지고 분석적인 자세와 동시에 직감적인 순발력 같은 스킬이 필요하다고 생각한다.

체계화·정형화 하기 어려운 분야라는 생각이 들지만, 유사한 장르의 책이 없는 가운데 매우 도전적인 책이라고 생각된다.

또한 마케팅 조사라는 흔하지 않은 상황에서의 스킬이지만 범용성도 있다고 생각된다.

구체적인 실전 경험의 이야기

새로운 상품을 개발하기 위해 시장 조사를 할 필요가 있다. 그리고 이 때 소비자들로부터 최대한 본질적인 니즈와 욕구를 끄집어 내기 위해 어떻게 해야 하는가? 이런 의문점에 대해 실전에 근거한 이론에서 테크닉까지를 응집한 책이라고 본다. 내용이 테크닉에 다소 치중된 면도 있으나 참고가 되는 부분이 많이 있다.

차례

제1장

마케팅 인터뷰를 통해 알 수 있는 것

조사 방법으로써의 인터뷰
- 수치 뒤에 숨어있는 '무언가'를 찾아낸다

숫자로 현황을 파악하는 정량조사

다음과 같은 수치를 보면 어떤 생각이 들까?

- 초혼자 평균 연령이 2001년에는 남성29.0세, 여성 27.2세[1]
- 남성의 생애 미혼율(50세 기준)이 2000년에 12.57%에 도달[2]
- 여성의 합계특수출산율(여성 한 명이 평생 동안 출산하는 아이의 수)이 2001년 1.33명에서 2003년 1.29명으로 감소[3]

이러한 수치를 보면 만혼 · 비혼화, 저출산이 진행되어 사회가 변하고 있다는 인상을 받을 것이다. 이렇듯 수치로 세상사를 설명하는 경우는 매우 흔하다. 수치로 표현하면 규모나 추이를 간단히 알 수 있을 뿐 만 아니라 비교하기도 쉽기 때문이다.

반면 왜 만혼 · 비혼화와 저출산이 진행됐는가 하는 점은 수치로

[1] 후생노동성, 국립사회보장 · 인구문제연구소 『인구동계자료집(2003년)』

[2] 2000년 실시한 인구주택총조사 결과 및 『싱글화 되는 일본』(이다 히로유키 저, 요센샤)

[3] 후생노동성 장관 관방통계정보부 『인구동태통계』

것이 아니라 대부분 여러 요인들이 복잡하게 얽혀 있다. 이를 파헤쳐 진짜 이유를 밝혀내기란 여간 어려운 일이 아니다. 현재 일어나고 있는 현상에 대한 파악은 물론이고 사람들의 결혼관, 가족관, 인생관 등에 대한 태도와 가치관까지 들여다보지 않고서는 진짜 이유를 알아낼 수 없을 것이다.

비즈니스의 세계도 이와 마찬가지다. 매일 매일 수치를 통해 현상을 파악해야 한다. 매출과 이윤을 파악하기 위해서뿐 만 아니라 자사 제품의 마케팅 전략을 수립할 때도 수치는 중요하다. 한 제품의 매출이 1년 동안 10% 줄어들었을 경우 그 요인을 찾기 위해 먼저 관련 수치를 찾아 볼 것이다. 매출 전체의 추이뿐 아니라 광역시도 별, 판매 채널 별, 고객 유형 별 비교 데이터를 통해 전체적으로 줄었는지, 아니면 국지적으로 줄었는지, 또는 특정 판매 채널이나 특정 고객 층에서 줄었는지를 분석한다.

또한 기존의 경쟁타사 제품과 새롭게 시장에 진출한 제품의 판매 추이 데이터를 가지고 시장 환경의 변화 여부도 분석한다.

그럼에도 불구하고 요인 추정이 불가능한 경우에는 고객을 대상으로 이용실태와 만족도 조사를 실시해 무엇이 이유인지를 찾는다. 이 경우에는 설문지를 활용해 다수를 대상으로 조사를 실시하는 정량조사와 소수를 대상으로 깊이 있게 그 이유를 탐색하는 정성조사를 실시한다.

사람의 심리와 의식을 파헤치는 정성조사

정량조사[4](Quantitative Research)에서는 매출액, 시장 점유율, 소비자의 행동과 태도 등 이미 일어난 현상 또는 이미 정해진 항목을 중심으로 수치화 하여 측정한다.

이에 반해 정성조사(Qualitative Research)[5]에서는 소비자의 행동과 태도에 덧붙여 아직 드러나지 않은 심리와 의식까지 탐색한다. 정량조사는 조사 대상자에게 통상적으로 30분 이내에 응답하도록 하는 경우가 많지만, 정성조사는 보다 긴 시간, 통상적으로 2시간 정도 이야기를 듣는다(그림 1-1).

그림 1-1. 정량조사와 정성조사 비교

	정량조사	정성조사
대상 영역	행동과 태도가 중심 (이미 표출된 것들)	행동과 태도에 덧붙여 심리와 의식을 탐색(아직 표출되지 않은 의식도 포함됨)
응답 방법	설문지에 제시된 선택지 중에서 해당되는 것을 선택하는 객관식 방식. 일부 자유 응답(Free Answer)도 있음	질문에 대해 구두로 자유롭게 대답함
응답(조사) 시간	20~30분 정도	1~2시간 정도

[4] Qualitative Research 일어 원문에서는 번역어의 사용량에 우선해 양적조사로 통일했으나, 한국어 번역서에서는 마케팅 현장의 용어에 우선해 정량조사로 통일함.

[5] Qualitative Research 일어 원문에서는 번역어의 사용량에 우선해 질적조사로 통일했으나, 한국어 번역서에서는 마케팅 현장의 용어에 우선해 정성조사로 통일함.

	정량조사	정성조사
분석 방법	통계학적분석 (평균치, 유의차, 분산 등)	한 사람 한 사람의 발언을 분석, 추정, 예측함
보고서의 표현	수치, 표, 그래프	발언 기록, 사진, 동영상, 분석, 추정, 예상을 기술한 문장 등

아이디어 발굴을 위한 토의 (Creative Workshop, 합숙 인터뷰 etc.),

개별 방문 면접 조사(Face to Face Interview), CLT(Central Location Test), 전화 조사, 인터넷 조사 (Web Survey, Mobile Survey), HUT(Home Use Test) 등	좌담회(FGI: Focus Group Interview), 소비자/전문가 개별 심층 인터뷰(IDI: In Depth Interview), 마케팅 인터뷰(Marketing Interview)

정량조사는 기입, 기술식으로, 정성조사는 인터뷰 형식으로 진행하는 경우가 일반적이다. 이 책에서는 정성조사를 마케팅 인터뷰로 지칭하겠다.

정성조사를 정량조사의 간이 버전으로 생각하는 경우도 많은데 절대 그렇지 않다. 정성조사의 조사 목적은 다수결로 결론을 내기 위함도 아니며, '보다 많은 사람이 선택'한 부분에 정신이 팔려서도 안 된다. 오히려 소비자의 행동과 태도를 설명하기 위한 요인과 구조를 발견하는 데에 의의가 있다. 비록 어느 한 사람이 아무 생각없이 툭 던진 한마디라 하더라도 그 말에 소비자 그룹 모두에게 공통된 본질적 심리가 숨어 있을 수 있다. 게다가 말 뿐만 아니라 이야기 전체 분위기에서 느낄 수 있는 비언어적 정보도 정량조사에서는 결코 얻을 수 없는 중요한 정보이다. 이것을 활용하여 상품개발과 마케팅 전략 수립의 힌트, 인사이트를 얻어 낼 수 있다. 그러므로 정성조사는 일종의 '여지(餘地), 여백(餘白)'를 가지고 있는 조사라 할 수 있다.

이에 반해 정량조사는 구조화된 가설에 근거한 질문을 통해 얻은 응답 즉, 수치를 통계학적으로 분석한다. 때문에 수치의 저변에 있는 의식과 태도까지는 조사 대상에 포함되지 않는다. 이런 의식과 태도는 대면 인터뷰를 통해 묻고 답하는 정성조사에서 다룬다. 정량조사에서 놓칠 수 있는 내용을 정성조사를 통해 얻어내는 것이다.

조사 순서는 정성조사를 먼저 실시하고 그 다음에 정량조사를 실시할 수도 있고, 그 반대 순서로 진행할 수도 있다. 전자의 경우에는 정성조사를 통해 얻은 소비자의 상황, 의식, 태도와 관련된 표현을 활용해 설문지를 작성하여 정량조사를 실시한다. 후자는 먼저 인터넷 등을 통해 정량조사를 실시하여 그 결과 얻은 수치에서는 읽어낼 수 없는 배경, 요인, 소비자의 의식을 정성조사로 밝혀낸 후, 정량조사에서 얻은 수치를 재분석하게 된다. 조사 순서를 정함에 있어 조사의 목적, 시장과 소비자에 대한 이해 정도에 따라 어느 쪽의 패턴이 적절한지를 판단하여 적용할 필요가 있다. 예를 들어 진출한지 얼마 되지 않은 해외 시장이라 소비자에 대한 이해가 부족한 경우에는 정성조사를 통해 얻은 정보를 바탕으로 시장 상황, 소비자 표현에 기반한 선택지를 작성할 수 있을 것이다. 이에 반해 소비자에 대한 이해도가 높은 시장에서 새로운 상품을 개발하기 위한 소비자 조사의 경우에는 정성조사를 통해 신상품에 대한 힌트를 얻고 정량조사로 그 수용 가능성을 가늠해 보는 조사를 실시할 수 있을 것이다.

인터뷰의 종류

인터뷰 조사에는 좌담회 형식으로 토의하는 포커스 그룹 인터뷰(Focus Group Interview)와 1대1로 이루어지는 인뎁스 인터뷰(IDI: In-Depth Interview)가 있다.

포커스 그룹 인터뷰는 통상적으로 6~8명의 대상자를 모아 주제에 대해 깊이 있게 토의하는 조사 형태이다. 사회 및 진행은 일반적으로 모더레이터(이하 인터뷰어로 지칭)가 담당하며, 참석한 대상자들의 의견을 잘 끌어낼 수 있도록 분위기를 조성하고 질문 방법과 순서를 조사 목적에 맞추어 조정한다. 때로는 심리적인 방법을 사용하여 인터뷰를 진행하기도 한다. 가장 일반적인 정성조사 기법으로 적은 인원으로 구성된 집단 속에서 이야기하게 함으로써 그룹 다이나믹스(그룹 구성원 간의 영향)를 활용해 대상자들의 의식을 파헤쳐 가는 방법이다.

인뎁스 인터뷰는 그룹 인터뷰에서는 묻기 어려운 내용, 대답하기 곤란한 개인적인 질문이나 개개인의 세세한 상황과 차이를 파악하고자 하는 경우, 또는 전문적인 정보를 얻고자 하는 경우에 사용하는 방법이다.

정성조사의 잘 알려지지 않은 장점

정성조사의 잘 알려지지 않은 장점으로는 함께 프로젝트를 진행한 팀 멤버들끼리 인터뷰 경험을 공유하고 토론하는 과정에서 함께 학습하고 팀으로서 같이 성장할 수 있는 측면이 있다.

마케팅 인터뷰는 프로젝트 팀이 하나가 되어 진행하기 때문에 비록 인터뷰어는 한 명일지라도 인터뷰를 관찰하고, 결과를 분석, 검토하는 것은 팀 전체의 몫이다. 준비 단계에서는 여러 명의 시점에서 인터뷰를 설계하며 인터뷰 후에도 사후 검토 회의(debriefing)등을 통해 여러 명의 시점과 해석으로 발언 내용을 분석하고 확인한다. 필자와 같이 기업의 의뢰를 받아 인터뷰어를 맡는 경우에는 의뢰처의 담당자와 함께 목적과 의도에 대해 긴밀이 협의한 후 인터뷰에 임하게 된다.

팀 전체가 경험을 공유하면서 인터뷰를 실시하고 관찰, 분석하면 그 뒷 단계인 상품기획과 마케팅(Product Planning & Marketing)이 순조롭게 진행된다. 이는 정보를 공유함으로써 판단 기준이 팀 전체에 자연스럽게 형성됐기 때문이다. 마치 '같은 곳으로 여행을 다녀온 동지 같은 느낌'이라 해도 좋을 것 같다. 이러한 프로젝트 운영의 관점에서 보더라도 정성조사를 이용할 가치는 매우 크다고 할 수 있다.

쉬운 듯 어려운 '물어 보기'

정성조사는 인터뷰 형식으로 진행하는 경우가 많다. 인터뷰라 함은 '사람의 이야기를 듣는 일'이기 때문에 자칫 쉽게 생각 할 수 있다. 하지만 그 본질은 사람의 말 속에서 문제 해결의 힌트를 발견해 내는 데에 있다. 인터뷰 대상자의 말을 어떻게 받아들일 것인가? 그리고 그 말에 대해 어떤 질문을 던질 것인가? 이와 같은 해석과 반응에 따라 인터뷰의 흐름이 변하기도 한다. 또한 말은 해석을 동반하기 때문에 그것을 해석하는 사람의 감도가 결과를 좌우한다. 즉 같은 이야기를 듣더라도 놓치지 않고 더 파고 들지 말지를 순간적으로 판단해야만 한다. 마케팅 인터뷰가 질문만 하면 되는 자리라면 누구나 인터뷰를 할 수 있겠지만 적절하고 의미 있는 결과를 얻기 위해서는 다양한 기술이 요구된다.

무엇을 알고 싶은 것인가? 누구에게 무엇을 물을 것인가? 또한 어떻게 물어야 그것이 가능할 것인가? 이것들을 사전에 취합 정리하여 확인한다. 그리고 인터뷰 현장에 섰을 때 목적을 달성할 수 있는 질문들을 계속적으로 다양한 각도에서 반복해야 한다.

다음 장부터는 마케팅 인터뷰를 통해 무엇을 할 수 있는지에 대해 알아보자.

인터뷰를 진행함으로써 보이는 것 - 말과 이미지의 본질적 의미

조사 대상자의 발언내용과 이미지를 파헤친다

인터뷰는 단순히 이야기들을 이끌어내기만 해서는 안된다. 조사 대상자가 무심코 사용한 표현을 파고들 때 그 속에 담겨 있는 본질적인 의미가 보이게 된다.

[사례] 자동차의 얼굴이 당신의 얼굴?

어느 고급 수입차를 선택한 이유를 탐색하는 정량조사를 실시했더니, 해당 자동차를 선택한 이유로 '스타일링이 마음에 들어서', '차의 사이즈가 적당해서', '브랜드 이미지가 좋아서'가 상위에 랭크 됐다. 이어 '트렁크 공간이 충분해서', '내장 디자인이 마음에 들어서' 등의 항목이 그 뒤를 이었다. 하지만 이 정량조사 결과를 봐서는 선택 이유를 명확하게 알 수 없었다. 선택한 이유를 몇 개로 묶어 공통점을 찾으려 해도 전체를 관통하는 큰 맥락이 보이지 않아 분석이 어려웠다.

그래서 정성조사를 통해 특정 표현을 심도 있게 파헤쳐 보기로 했다. 예를 들어 '스타일링'의 경우 인터뷰를 통해 실제 고급 수입차를 구입한 사람에게 물어보았더니 "정면에서 바라본 얼굴이 마음에 들어요", "뒤 태 디자인이 매력적이에요", "옆에 서서 이 각도에서 바라본 스타일이 마음에 들어요" 등등 상당히 구체적인 이야기를 들을 수 있었다. 한마디로 스타일링이라 표현하더라도 옆에서 본 모습, 정면, 뒷모습 등 여러 가지가 있다는 사실을 알 수 있었다.

이에 그치지 않고 한 발 더 깊이 들어가 '다른 사람의 눈에 자기 차가 어떻게 보여질지'에 대해 신경 쓰는지 물었다. 고속도로를 달릴 때 앞서 가는 차에서 본인 차의 얼굴이 어떻게 보이는지를 신경 쓰는 운전자가 있었다. 상대방을 '위협하지 않는 얼굴'이 좋다 거나 반대로 '위협하는 얼굴'이 좋다고 이야기 한다. 나아가 자동차의 뒷모습에 대해 '멋지다', '빨리 달릴 수 있을 것 같다', '아름답다' 등 각양각색의 수식어를 사용했다. 자동차를 사람에 투영시켜 생각하는 사람, 하이 테크놀로지의 도구로 받아들이는 사람, 자신의 삶의 방식을 상징한다고 보는 사람도 있었다. 즉, 그들이 이야기하는 '스타일링'이라는 단어의 의미를 파헤쳐보면 그곳에는 '자신을 어떻게 보여주고 싶은가'가 내포되어 있다. 자신의 이미지와 상품(또는 브랜드)을 동일시하는 경향이 있었던 것이다.

이 수입차의 경쟁 제품인 고급 국산차를 소유 중이며 개인 사업체를 운영하는 50대 사장은 사실은 유럽산 고급 수입차를 사고 싶었지만, 법인 차량을 '거래처에서 보고 떼돈을 벌고 있는 것으로 오해 하는 게 싫어' 일부러 '국산차 중 최고급 사양의 차를 구입했다'고 한다. 게다가 그는 이 국산차에 '겸손하고 협조적이며 믿을 수 있다'는 이미지를 갖고 있었다고 한다.

반대로 유럽산 고급 수입차를 소유 중이며 프리랜서 그래픽 디자이너로 활동 중인 40대 남성은 이 자동차의 브랜드 이미지가 독창적이고 선진적이면서도 적극적인 인상을 주기 때문에' 구입했다. 제약회사의 영업직인 30대 남성은 '안전하게 운전 하고 가족을 사랑하는 운전자'라는 이미지를 갖고 싶어 차를 구입했다. 또 금융 기관에 근무하는 30대 남성은 '테크놀로지를 자유자재로 구사하며 테크놀로지에 끌려 다니지 않는 남성을 위한 브랜드'라는 이미지 때문에 고급차를 구매했다. 이렇듯 자동차와 본인과의 관련성을 정성조사를 통해 들여다 볼 수 있었다.

상품에 투영되어 있는 이상적인 자기 자신의 이미지, 그것을 파헤쳐 가다보면 상품을 보다 깊이 있게 이해할 수 있게 된다.

사람은 이러한 이상을 어떤 대상물(여기서는 상품 또는 브랜드)을 보고 발견해내 그것을 구매하고 만족감을 얻는다. 사람은 자기 자신이 어떠한 생각과 가치관을 가지고 있고, 타인의 눈에 어떻게 비쳐지고 싶은지를 말로는 직접적으로 이야기 하기 어렵기 때문에 보여주고 싶은 이미지를 상품과 브랜드로 표현하고 싶어한다. 때문에 특히 고급 자동차와 같은 경우에는 상품이 자기 표현의 도구이면서 거울이 된다는 점을 반드시 염두에 두어야 한다(도표 1-2).

도표 1-2. 차에 자신을 투영한다.

여기서 이야기하는 자기 자신의 이미지는 항상 일관되게 나타나지 않는다. 자동차에 투영하는 자기 자신의 이미지도 한창 육아 중일 때의 자기 이미지(패밀리카에 가족들을 태우는 좋은 아빠)에서 육아

를 모두 끝내고 2인승 스포츠카를 혼자 타고 달리고 싶은 이미지(본연의 자신으로 돌아 감)로 변해 간다. 더욱이 생활 속 상황(예를 들어 업무용 차량과 사생활용 차량)에 따라 표현하고자 하는 자기 이미지가 다르다. 따라서 한 사람이 한가지의 이미지만 갖는 것이 아니라 생활 속의 다양한 상황에 맞춰 어느 한 측면이 강해지기도 하고 약해지기도 하는 것이다.

소비자의 섬세하고 상세한 세계관을 엿본다

인터뷰를 통한 정성적 탐색의 본질은 표현 수단인 말의 의미를 파헤치는 것에 있다. 특정 분야에 관심이 많은 사람, 또는 지식을 가지고 있는 사람일수록 어휘가 풍부하다. 예를 들어 에스키모들은 눈과 관련된 단어를 많이 가지고 있을 것이며, 소믈리에는 와인과 관련된 단어를 많이 알고 있을 것이다.

마찬가지로 화장품에 관심이 많아 이에 많은 지출을 하는 사람은 화장품에 대한 풍부한 어휘를 구사한다. 관심이 많으면 많을수록 다양한 표현을 사용해 그 대상에 대해 이야기하며, 그 대상에 대한 기대를 표현한다. 이는 반드시 제품의 기능에 대한 어휘에 한정되지 않으며, 제품을 구입하고 소유할 때의 감정적인 면에서의 어휘도 풍부하다는 사실을 의미한다.

상품을 구입한다는 것은 어떠한 기대감을 가지고, 그 결과를 확인하고 싶다는 감정의 표현이다. 인터뷰어로서 이러한 인터뷰 대상자의 감정을 이해해야만 그들이 가지고 있는 섬세하고 상세한 세계관을 들여다 볼 수 있다.

[사례] 토너 시제품 - 릴렉스(Relax)란?

한 화장품 회사가 새로운 토너의 시제품 테스트 조사를 100명을 대상으로 실시했다. 정량조사로 토너의 향에 대해 평가했다. 그 결과 이 향을 매우 선호한다는 사실을 알게 되었다. 이 향을 왜 선호하는지에 대해 보다 상세하게 알아보기 위해 24명에게 10일 동안 집에서 사용하도록 했다. 사용 후 좌담회(1그룹 당 6명씩 총 4그룹으로 구성해 총24명이 참가)를 통해 이야기를 들어봤다.

정량조사의 자유 기입식 응답란에 기입된 표현들 중에 향이 '릴렉스 할 수 있어서 좋다', '호사를 누리는 기분'이라는 표현이 있어, 이를 질문의 핵심으로 삼았다. 광고의 콘셉트를 구상하기 위해 높은 평가를 받은 향이 어떤 의미에서 좋았는지를 구체적으로 파악할 필요가 있었다.

그랬더니 릴렉스(Relax)라는 표현에는 '편안하다', '자연으로 돌아간 듯 하다'라는 의미와 '고저스(Gorges)한 기분이 든다', '급이 올라간 듯한 느낌이 든다'는 의미까지 두 가지의 의미가 있다는 사실을 알게 되었다. 이를 더 파헤쳐보니 전자는 자외선이나 스트레스 등 피부에 좋지 않은 것들을 몸 속에 넣고 싶지 않다는 'Negative Free 지향'으로 연결 되며, 후자는 기분이 좋아짐으로써 보다 긍정적인 정신적 진정 효과를 누리는 'Positive Supply 지향'과 연결된다는 점을 알아냈다. 시제품의 상품 특성이 철저한 보습 효과에 있기 때문에 둘 중 후자에서 찾아낸 발상으로 광고를 전개 할 필요가 있다고 판단했다. 결국 광고에서 향을 어필하는 방법으로 심플하며 자연으로 돌아갈 수 있다는 표현보다 첨단 과학 기술을 드러내면서 동시에 고급스러운 느낌을 받을 수 있는 표현 방식을 채택했다.

이와 같이 향이 왜 좋은지를 파헤쳐 봄으로써 광고 방식을 보다 구체적으로 정할 수 있었다. 정량조사의 자유 기입식 응답이 실제로 큰 힌트가 되어 그것을 심층적으로 파헤치는 정성조사로까지 연결되는 경우도 많다.

감정적 베네핏(Benefit)을 파헤친다
- 비 오는 날 쓸 수 없는 우산을 산다?

베네핏에는 두 종류가 있다

사람은 통상적으로 사용 목적을 가지고 상품을 구입한다. 걷기 위해 신발을 사고 소지품을 넣어 가지고 다니기 위해 가방을 사며 물리적인 공간 이동을 위해 차를 산다. 제품에는 본래의 특징, 기능으로부터 얻을 수 있는 효용, 즉 기능적 효용(기능적 베네핏)이 있으며, 이에 더해 감정적인 면에서의 효용(감정적 베네핏)도 있다. 예를 들어 어떤 상품을 구매하고, 소유하고 사용함으로써 얻을 수 있는 효용인 것이다(도표 1-3).

도표 1-3. 효용 (Benefit)

기능적 베네핏(Functional Benefit)	감정적 베네핏(Emotional Benefit)
· 편리, 간단, 빨리, 어디서든, 안심, 오랫동안 사용할 수 있는, 고급스러운, 아름다운, 예쁜, 릴렉스할 수 있는 등 상품의 특성과 기능으로부터 얻을 수 있는 실용성	· 구입에 따른 효용: 자기 자신에게 주는 선물, 고르는 재미 등 · 소유에 따른 효용: 브랜드와의 일체감, 희소 가치 · 사용에 따른 효용: 자기 표현, 자아 실현 등

예를 들어 운동화라면

걷기 편하다, 장시간 신고 있어도 피로감이 없다, 발에 부담이 없다, 미끄러지지 않는다, 습기가 차지 않는다, 충격을 흡수한다, 튼튼하다 등

프로 육상 선수와 같은 기분을 느낄 수 있다, 빨리 달릴 수 있을 것 같다, 시합에서 이길 수 있을 것 같다, 기록을 갱신할 수 있을 것 같다, 자신감이 생긴다

이러한 효용을 마케팅에서는 베네핏(Benefit)이라고 한다. 어떠한 기능적 베네핏과 감정적 베네핏을 느낄 수 있는지에 따라 그 사람의 상품에 대한 가치가 결정된다.

제품의 특징·기능에서 비롯된 '기능적 베네핏'

상품을 선택, 구매, 소유, 사용하는 일련의 과정에는 구매자(사용자)의 심리가 항상 작용한다. 예를 들어, 한 회사가 새롭게 헤어 염색약 시장에 대한 진출을 고려하고 있다고 가정해 보자. 헤어 염색 제품은 매장에서 쉽게 접할 수 있는 제품이지만 많은 제품들 중에서 어느 특정 제품을 계속해서 구매하고 있는 경우에는 나름의 특별한 이유가 반드시 있을 것이다. 본래의 주된 기능은 확실하게 흰머리를 염색하는 것 또는 소비자가 원하는 색으로 염색하는 것에 있다. 그 외에도 향이 순해서 안전하다, 한 번만 눌러서 바르면 염색이 되어 간단하다, 비교적 머리카락이 덜 상할 것 같다 등의 이유를 들 수 있다. 이러한 다양한 기능적 베네핏을 느낀 소비자가 제품을 구입한다. 이때 어떤

특성의 사람이 어떤 부분에 끌렸는지 그 포인트인지를 찾아낼 필요가 있다. 그것을 파악 해냄으로써 누구를 위해 어떤 특징을 가진 신제품으로 만들어낼 것인가를 발견해 낼 수 있게 된다.

[사례] 멋내기용 염색? 흰머리 염색?

두 명 모두 흰머리 염색을 직접하고 있는 40대 주부 희정 씨와 경희 씨를 인터뷰 했다. 내가 보기에는 두 명 모두 짙은 갈색의 염색한 머리였다.

희정 씨는 A사의 제품을, 경희 씨는 B사의 제품을 사용하고 있었다. 두 사람에게 각 제품의 선택 이유를 물어보니 희정 씨는 "A사에 제품이 멋있어 보여서", 경희 씨는 "B사 제품은 안심하고 쓸 수 있어서"라고 이야기 한다. 확실히 A사 제품의 팩키지는 세련된 이미지를 풍기고 있었고, B사는 보다 안전성을 어필하고 있는 것으로 보였다. 하지만, 똑같은 헤어 염색약임에도 왜 희정 씨가 멋스럽길 바라며, 경희 씨가 왜 안전성을 바라는지 알 수 없었다. 두 사람이 각 제품을 선택한 이유를 자세하게 파헤치기 위해 두 사람이 처음으로 머리를 염색했을 때 그리고 처음으로 흰머리 염색을 했을 때의 일들에 대해 물었다.

그러자 희정 씨는 20대 때 처음으로 검은 머리를 염색하기 시작해 현재 염색을 20년 째 해오고 있다는 사실을 알게 됐다. 한편 경희 씨는 2년 전에 처음으로 머리 염색을 했으며 검은 머리가 아닌 흰머리 염색으로 입문하게 된 사람이었다.

검은 머리 염색부터 시작한 희정 씨는 A사의 제품이 멋있어 보여서 선택했다고 한다. 희정 씨는 머리에 멋을 부리기 위해 염색약을 사용하는 것이며, 단순히 흰머리를 감추기 위해 쓰는게 아니었다. 그러나 흰머리가 나기 시작하면서부터 원하는 밝은 색으로 염색하기가 어려워졌다고 한다. 그래서 '흰머리 염색'이라는 표현 자체에 거부감을 나타낸다. 어디까지나 밝은 색으로 염색되면서 10대나 20대 젊은 사람들과는 다르게 느껴지는 어른스러운 색감이 희정 씨가 원하는 부분이었다. 이 때문에 다채로운 색상을 출시한 A사의 제품을 선택했다.

반면 흰머리 염색으로 입문한 경희 씨는 흰머리가 날 때마다 딸이 뽑아줬지만, “더 이상 뽑을 수 없다”는 말을 듣고 어쩔 수 없이 염색약을 사용하게 되었다. 다른 것은 필요 없고 무조건 흰머리를 완벽하게 감추어 주길 바랐다. 하지만 염색약이 머리카락을 손상시키는 점이 걱정됐고 화학적인 냄새도 신경이 쓰였다(경희 씨의 어머니가 셀프 염색을 하던 때에 받았던 강한 약품 냄새에 대한 이미지가 남아있었다). 할 수만 있다면 머리카락은 자연스럽게 두고 싶지만 그래도 흰머리는 싫었던 탓에, 헤어 손상이 걱정은 되지만 염색을 할 수 밖에 없었던 것이다. 경희 씨는 색에 대한 집착이 강하지 않았고 오히려 안전한 이미지를 갖고 있는 제품을 원했다. 그래서 향이 진하지 않을 것 같은 B사의 제품을 선택했다. 염색을 시작한지 2년 밖에 안된 경희 씨에게 브러시가 달린 버튼형 타입이라 쉽게 염색이 가능하다는 점도 선택의 큰 이유가 됐다(도표 1-4).

도표 1-4. 희정 씨와 경희 씨의 베네핏

사람 베네핏	염색 경력 20년의 희정 씨	염색 경력 2년의 경희 씨
기능적 베네핏	· 기대했던 밝은 컬러감이 나옴 · 다양한 색상 중에서 선택 가능	· 흰머리가 확실히 염색됨 · 화학적 냄새가 적음 · 간단한 방식으로 염색이 가능함
감정적 베네핏	· 어른스러운 멋이 나서 젊은이들과 차별화 가능	· 늙어 보이고 싶지 않음

이처럼 현 시점에서 제품을 선택한 이유를 명확이 하고싶을 경우에는 때에 따라서 소비자의 이용 경험 히스토리를 심도 깊게 파헤쳐 그 배후에 있는 심리에 관해 이야기를 들음으로써 기능적 베네핏을 탐색하는 방법이 필요하다. 희정 씨 같은 사람을 타깃으로 한다면 염색약의 색상을 다양하게 갖추어야 한다. 경희 씨 같은 사람이 타깃이라면 흰머리가 간단하게 제대로 염색되면서도 자연 친화적이라는 이미지를 갖춘 제품이어야 한다. 새로 시장 진출을 고려하고 있던 업체는 리서치 회사의 결과를 보고 제품의 타깃을 재검토하게 됐다.

구입·소유·사용을 통해 얻을 수 있는 '감정적 베네핏'

다소 비싸다는 생각이 들어도 '이건 수제품이니까', '이건 다른 제품에 없는 희소가치를 지녔으니까', '현재 인기몰이 중인 브랜드니까'라며 스스로 납득할 수 있는 감정적인 면에서의 효용 즉, 감정적인 베네핏이 느껴졌을 때 사람은 동일한 기능의 다른 제품보다도 많은 추가 비용을 지불한다. 그렇기 때문에 이 세상에는 2,000원짜리 비닐 우산부터 수십만 원을 호가하는 명품 브랜드 우산까지 있는 것이다.

[사례] 비 오는 날에 쓸 수 없는 우산을 산다?

한 명품 브랜드에 관한 조사를 하면서 30대 남성인 한서 씨와 인터뷰를 할 기회를 얻게 되었다.

한서 씨는 해당 브랜드의 열혈 팬으로 가방과 구두 등을 구입했다. 한서 씨가 “어제 ○○지점에서 우산을 샀는데 직원이 ‘손님 이 우산은 방수 스프레이를 뿌려 주시고 가능하면 비가 오는 날에는 사용하지 않는 게 좋습니다’라는 거예요. ‘뭐지? 이거’라는 생각이 들었지만 샀죠”라며 사투리 섞인 말투로 이야기했다.

그 때 나는 한서 씨가 우산으로서 기능하지 않을 수도 있는 그 명품 브랜드의 우산을 어째서 구입했는지 바로 이해가 되지 않았다. 그래서 한서 씨에게 “한서 씨 비 오는 날에 쓸 수도 없는 우산을 왜 구입하셨나요?”라고 물어보았다. 그러자 그 매장에 지금까지 문턱이 닳도록 자주 드나들었다는 점(매장과의 연결고리), 자신을 위해 그 우산을 따로 챙겨 두었다는 점(특별 대우), 그 브랜드 제품이라면 뭐가 됐든 관심이 있다는 점(흥미유발), 그래서 그 우산은 쓸 수 없더라도 만족 한다(‘예술품’ 또는 ‘컬렉션 아이템’)는 설명이 돌아왔다. 한서 씨에게 그 브랜드의 우산은 비 오는 날 비를 맞지 않기 위해 쓰는 도구(기능적 베네핏)를 초월해 수 많은 감정적 베네핏을 부여하는 물건이었다(도표 1-5).

도표 1-5. 다양한 우산

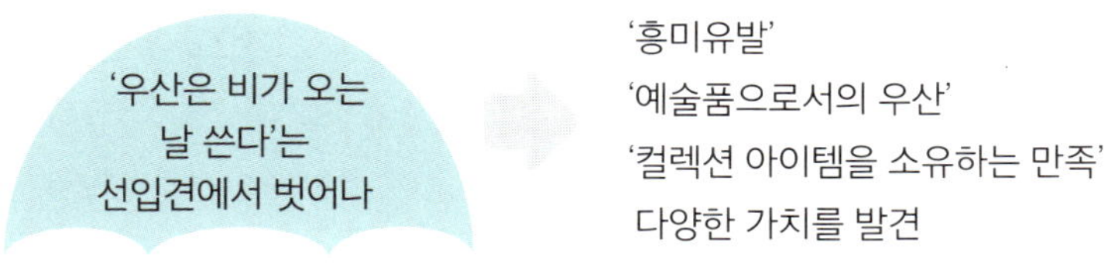

[사례] 가방은 짐을 넣기 위한 도구인가? 액세서리인가?

여성들은 어떤 기준으로 가방을 선택할까? 이를 밝혀내기 위한 인터뷰를 진행했다. 현재 명품 가방을 사용 중이면서 최근 1년 동안 명품 가방을 구입한 경험이 있는 30~40대 기혼 여성에게 가방을 선택할 때 어떤 점을 중시하는지에 대해 물었다.

크기, 무게, 디자인, 가격, 옷과 매치하기 용이한 점 외에 브랜드 이미지도 거론되었다. 그런데 어떤 점이 결정적 요인으로 작용해 구입에 이르렀는지 알 수는 없었다. 그래서 '생활 속 어떤 상황을 떠올리며 가방을 선택했는지'를 물어보았다. 주부인 30대 여성은 자녀의 학교 행사에 참여할 때, 근처에 외출할 때, 아이와 나들이 갈 때, 본인 친구들과 만날 때, 관혼상제용, 외출(파티)용 등으로 사용 상황을 나누고 있었다. 다음으로 브랜드 이미지와 각 상황을 짝 지어 보기로 했다. 그 결과 알게 된 사실은 각 상황에 따라 추구하는 베네핏이 다르다는 점이었다.

한 여성은 자녀의 학교에 갈 때 사람이 가벼워 보이는 게 싫어서 화려한 가방을 들지 않고 차분한 브랜드 이미지의 가방을 선택한다고 했다. 또한 동성 친구와의 점심 모임에는 다소 화려하더라도 트랜드를 반영해 유행하는 가방으로 멋 내고 싶은 욕구를 충족시켜주는 베네핏이 있는 가방을 선택한다고 했다. 특히 가방을 옷과 맞춰 같은 매장에서 구입하는 여성에게는 가방은 패션 코디네이트 아이템의 하나이기 때문에 실용성이 거의 없어 다소 들고 다니기 힘들어도 옷과 매치된다면 구입하게 된다고 했다.

여성에게 동성 친구들과의 점심모임 때 드는 가방은 액세서리의 하나이기 때문에 패션 트랜드에 맞는 가방을 들고 가고 싶어 한다. 이 여성이 선택한 브랜드는 항상 그런 니즈에 부합하는 신상 가방을 내놓고 있어 이런 여성들의 멋 내기 욕구를 충족시키는 감정적 베네핏이 충분했기 때문에 구입되었던 것이다(도표 1-6).

도표 1-6. 가방과 나

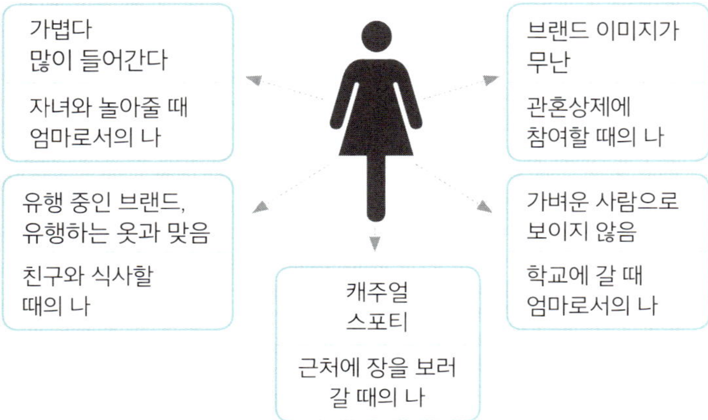

구매행동 자체가 베네핏인 경우도 있다

우산의 사례에서는 소유에 따른 베네핏을, 가방의 사례에서는 사용 상황에 따른 베네핏을 탐색했다. 이번에는 상품을 구입하는 구매행동 자체가 베네핏이 되는 사례를 살펴보자.

[사례] 고생한 나 자신에게 포상 선물로 주는 쥬얼리 제품

액세서리 브랜드 조사에서 쥬얼리 제품을 구입하고 싶어지는 때가 언제인지에 대해서 물었다.

생일이나 결혼기념일 외에도 출산이나 큰 행사를 치른 뒤 '고생한 나에게 주는 포상 선물'로 구입한다고 대답한 여성이 많았다.

쥬얼리 제품은 이른바 사치품이다. 구입 시 적지 않은 심리적 죄책감

(이것 말고 우선 사야할 물건이 있지 않을까? 이렇게 사치를 부려도 될까? 등)이 든다. 그 죄책감을 날려버리는 말이 '나 자신에게 주는 포상 선물'이다. 이는 죄책감을 불식시킨다는 부정적인 의미가 아니라, '고생한 나 자신에게 주는 포상 선물'이라는 긍정적인 의미를 부여해 구입할 수 있게 해준다.

언제 구입할지, 어느 브랜드를 어디서 구입할지, 누구와 같이 가서 구입할지, 구매행동 자체가 의미를 갖는다. 언제부턴가 공인되기 시작한 이런 '나 자신에게 주는 포상 선물'이란 말은 다른 이가 아닌 나 스스로 정하는 '사도 된다는 보증서'가 되었다. 다양한 상품들이 넘쳐나는 오늘날 꼭 필요한 물건이 매우 적은 이 시대에 이러한 심리적 발판은 구매 행위를 정당화 시켜준다.

인터뷰에서는 단순히 구입한 제품의 특정 기능이 좋았다는 대답뿐만 아니라 구입 과정에서 주저하게 되는 이유, 구입하기로 마음 먹었을 때의 결정적인 요인, 주변의 영향과 본인의 기분 변화 등 구입 프로세스의 각 단계마다 무엇이 영향을 끼쳤는지, 어떤 심리적 베네핏이 있었는지를 반드시 확인해야 한다.

그러기 위해서는 각 사람들의 욕망·욕구(이렇게 되고 싶다, 이렇게 하고 싶다)와 이를 방해하는 심리적 저해요인, 그리고 그런 심리적 장애물을 뛰어넘기 위한 동경과 성취욕구(비싸지만 사자, 지금은 살 수 없지만 언젠가 사자, 용기가 나지 않지만 이번에 시도해보자, 고생한 나에게 사주자 등)가 언제 어느 타이밍에 어떤 형태로 존재하는지 파헤칠 필요가 있다.

논리와 감정의 좁은 문을 탐색한다
- 이상과 현실의 간극에 힌트가 있다

인지적 부조화 이론- 모순을 해소해 조화로운 관계를 만들어 낸다.

사람은 수 많은 욕구를 가지고 있다(젊음을 유지하고 싶다, 건강하고 싶다, 심신의 안정을 바란다, 자유롭고 싶다, 타인에게 인정 받고 싶다, 알고 싶다, 이해하고 싶다, 사랑하고 싶다, 사랑 받고 싶다 등). 더 이상 물질적인 필요성을 못 느껴 물욕이 없다고 호언장담하는 사람일지라도 필시 이런 기본적인 욕구는 갖고 있을 것이다.

그러나 현실은 녹록하지 않다. 나이는 먹어가고 건강하지 못한 환경에서 생활하며, 자유 시간을 가질 수 없는 등 구속과 속박의 연속이다. 이런 가운데 잠시일지라도 욕구를 성취시켜 줄 지 모른다는 기대감이 사람을 움직인다.

단, 평소에는 이상과 현실의 괴리 때문에 포기하거나 정당화해 자신의 마음 속에 담아두고 있다. 이를 자극하면 현실을 조금 바꿔보자는 생각을 갖도록 만들 수 있다(도표 1-7).

심리학의 '인지적 부조화 이론'에 따르면 인지요소(지식) 사이에 모순된 관계가 형성되면 이를 해소하고 조화로운 관계를 만들어 내도록 행동과 태도에 변화가 나타난다고 한다.

예를 들어 [도표 1-8]처럼 담배는 몸에 나쁘니 담배를 끊겠다고 생각하더라도 금연을 실천하지 못하는 경우 무의식 중에 '흡연과 폐암의 관련성을 부정하는 실증 데이터'를 찾아보고 '흡연은 정서적 안정에 도움을 줘서 스트레스 해소에 좋다'고 생각해 흡연을 계속한다. 마음 속에서 부조화를 해소하고 정당화한 것이다.

도표 1-7. 이상과 현실의 간극에 힌트

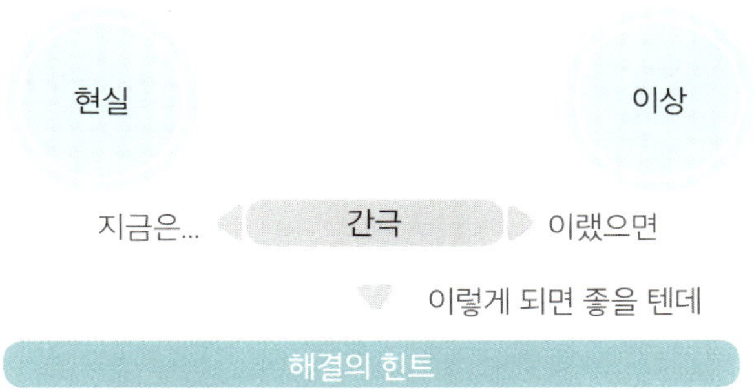

도표 1-8. 담배를 끊지 못할 때의 자기 정당화

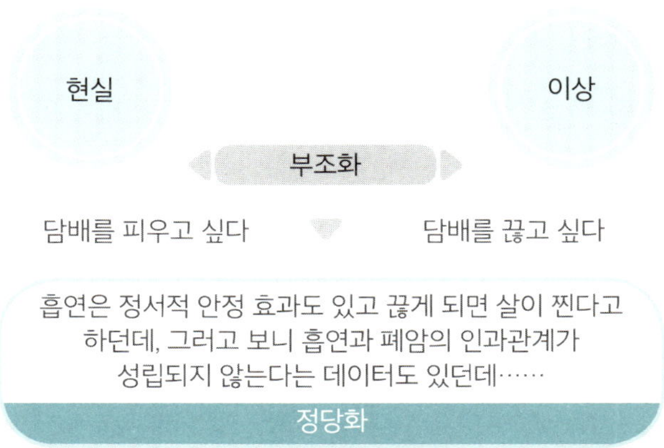

이러한 상황을 바꾸려면 어떻게 해야 할까? 예를 들어 20대의 젊은 남성에게 앞으로 태어날 자녀를 위해서라도 담배를 끊길 바라는 부인이 있다고 가정해 보자. 어떻게 해야 좋을까? 방법은 두 가지로 생각할 수 있다. 사람을 움직이기 위해서는 이렇게 하면 이런 긍정적인 효과가 있다고 제시하는 방법과 이렇게 하면 이런 부정적인 결과가 나타난다고 제시하는 방법이 있다.

긍정적인 효과로 제시할 수 있는 한 가지 예로는 '만약 담배를 끊으면 용돈을 올려주겠다'는 제안을 들 수 있다. 하지만 이렇게 말하면 욕구가 증폭되어 좀 더 올려 달라고 할지 모른다. 그래서 이번엔 부정적인 결과를 제시한다. 부인은 남편이 좋아하는 배우가 최근에 담배를 끊었다는 잡지 기사를 스크랩해서 자연스럽게 볼 수 있도록 거실 테이블에 올려 놓는다(도표 1-9).

기사에서 배우는 담배를 끊게 된 경위에 대해 '사나이로서 보기 흉하다, 구시대적이다, 여자들도 싫어한다'고 말했다. 이 기사를 보고 '지금까지 담배를 폈던 나는 보기 좋지 않았구나'라는 생각을 하며 전에는 없었던 부조화가 생겨나고 동경의 대상이던 배우도 담배를 끊었으니 나도 해보자 라는 생각에 금연을 하게 될지도 모른다. 물론 예시처럼 진행되지 않을 수도 있지만, 논리적으로 '건강에 좋지 않다'고 말하기만 해서는 불가능 했던 일이 감정에 호소하면 사람을 움직이게 만들 수도 있다.

도표 1-9. 부조화 해소 메커니즘을 이용해 금연 시키기

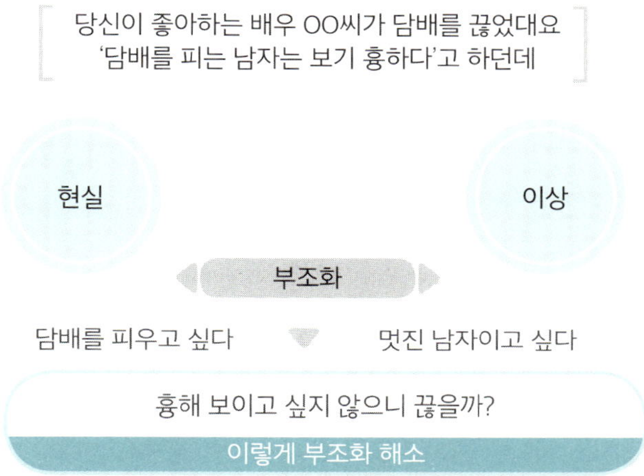

조사 대상자의 심리적 갈등을 파악해 낸다

인터뷰에서도 마찬가지다. 논리만 가지고 질문해서는 조사 대상자가 면피용 대답을 하도록 유도하는 꼴이 되고 그로서 인터뷰는 끝나버리게 된다. 의식의 깊은 곳까지 파헤쳐 내기 위해서는 노력이 필요하다.

애당초 사람들은 다양한 심리적 욕구가 있기 때문에 상품을 구입한다. 현실적으로 눈이 내리는 지방을 1년에 한 번밖에 가지 않더라도 4륜구동 차를 사고, 지금은 다이빙을 하지 않지만 다이빙용 시계를 산다. 또 주름은 완전히 없앨 수 없다는 사실을 알면서도 앞으로 꾸준히 사용하면 주름을 막아줄 것 같아 주름 방지 크림을 산다. 이 모두

꿈과 욕망에 대한 기대에서 비롯된 행동이다.

앞서 말한 바와 같이 사람을 움직이기 위해서는 논리적인 접근뿐만 아니라 감정에도 호소해야 한다. 긍정적인 면에서 이렇게 하면 보다 멋있게 보인다거나, 이렇게 하면 다른 사람들 보다 한 발 앞선 사람으로 보여요, 또 이렇게 하면 더 건강해 질 수 있어요 등의 효과를 보여준다. 부정적인 면으로는 이렇게 하지 않으면 이렇게 될 거예요 라며 살짝 겁을 줄 필요가 있다. 관리를 안하면 주름이 늘어나요, 얼굴이 칙칙해 져요, 나이 들어 보여요 등 문제 제기형 접근법이 이에 해당한다.

어느 방법이 됐든 아무리 훌륭한 상품을 만들었다 하더라도 사람들이 구입하도록 하기 위해서는 타겟 고객이 그 제품을 구입하는 의미, 사용하는 의미, 소유하는 의미를 발견해 해당 상품을 시장에서 인지해야 한다. 이를 알기 쉽게 커뮤니케이션 하지 않으면 소비자의 기억에 남지 않는다.

니즈를 파헤쳐 낸다

인터뷰에서 이러한 커뮤니케이션 상의 힌트를 얻기 위해 조사 대상자의 의식을 파헤치는 질문을 하려면 어떻게 해야 할까?

구입 당시 망설이지 않았는가? 실제로 지금은 이렇게 하고 있는데 곤란했던 적은 없었는가? 등 '심리적 동향'을 파악해 보도록 하자.

구입 프로세스에서 '논리와 감정의 좁은 문'을 탐색할 필요가 있다.

'논리와 감정의 좁은 문'을 탐색하는 사례를 소개하겠다.

[사례] 기침이 멎길 바랄 때 먹는 감기약과 열이 내리길 바랄 때 먹는 감기약

조사 대상자는 매번 같은 감기약을 선택하는 25세 여성 수진 씨.

매번 선택하는 감기약은 수진 씨의 어머니가 줄곧 사던 약이다. '엄마가 썼던 약'이기 때문에 이 약에 대해 안심하고 신뢰감을 갖고 있었다. 안심할 수 있고 믿을 수 있는 약이라 더 더욱 같은 약을 계속 구입해 왔다. 실제로 수진 씨는 "불만을 느끼는 부분이 없어요"라고 했다. 하지만 무슨 일이 있어도 꼭 이 약이어야만 한다는 이유도 없었다. 우연히도 이 약 보다 더 안심할 수 있다고 생각되는 약이 없었기 때문에 다른 감기약을 사 본 경험도 없었다고 한다.

수진 씨는 "글쎄요, 지금껏 쓰던 감기약으로 충분해요. 안심할 수도 있고"라고 말했다. 그래서 더욱 구체적으로 일하는 여성이라는 감정적인 면에서 니즈를 탐색해 봤다.

"겨울에 감기에 걸려서 업무 상 난처했던 경험은 없으신 가요?" "그 때는 어떤 심정이었나요?"라고 물었다. 그러자 수진 씨는 "그러고 보니 사회인이 되고부터는 감기에 걸려도 쉬지 못할 때가 있어서, 그럴 때는 특정 증상에 바로 듣는 약을 먹고 싶었던 적도 있었다"고 대답했다. 내일 프레젠테이션이 있으니 기침이 멎었으면 좋겠다, 오늘은 영업 때문에 거래처를 돌아야 하니 열이 내렸으면 좋겠다 등 추구하는 니즈가 구체적이었다. '직업을 가진 프로로서 한시라도 빨리 컨디션을 회복시켜야 하는 상황도 있다'는 사실을 알 수 있다(도표 1-10, 1-11).

다른 20대의 일하는 여성들에게 수진 씨의 말에 힌트를 얻어 작성한 스토리 보드(특정 장면을 글과 그림으로 정리한 도표)를 보여주며 그녀들의 의식을 탐색했다. 스토리는 '프로의식과 책임감을 가지고 업무에 임하는 여성 A 씨가 내일 있을 프레젠테이션을 하루 앞두고 기침에 특효약이라며 약국에서 추천 받은 약을 먹고 프레젠테이션을 성공적으로 마친다'는 내용이다. 스토리 보드를 보여주자 지금까지 먹던 감기약에 불만을 느끼지 못했던 여성도 이런 약이 있다면 필요할 때 먹어보고 싶다고 말했다. 적어도 찾아보고 싶은 마음이 들었던 모양이다. 같은 일하는 여성으로서 일에 지장을 주어선 안된다는 경험에서 그녀들의 마음을 움직일 수 있다는 힌트를 얻었다.

강력한 필요성을 느끼지 않는다면 인간은 의도적으로 자신의 의식을 파헤쳐 불만 사항을 찾아내려 하지 않는다. 왜냐하면 의식을 파헤침으로써 부조화를 느끼게 되기 때문이다. 그러나 일부러 소비자가 부조화를 느끼도록 상황을 기획하고 그에 대한 해결책을 제시한다면 소비자의 마음은 움직인다.

때에 따라서는 이처럼 드러나지 않은 불만을 확인 할 수 있도록 인터뷰를 구성할 필요도 있다. 자의성이 지나쳐 바이어스(특정 형태로 편향되는 현상)를 제공하는 인터뷰가 되는 것은 바람직하지 않지만, 조사 대상자가 천편일률적인 대답으로 도망치려 할 때 이와 같은 작은 노력으로 의식을 파헤칠 수 있다. 이렇게까지 했는데도 '나는 그렇게 생각하지 않는다'는 의견이 있다면 그것도 그것 나름의 하나의 결과라 할 수 있다.

포인트는 "감기가 빨리 나으면 좋겠죠?"라며 일반론을 묻고 "아니요, 그렇게 독한 약은 필요 없어요. 그럴 필요까지는 없어요"라는 대답으로 끝나버린다면 인터뷰를 하는 의미가 없다는 점이다. 거기서 질문을 그만하고 니즈가 없다는 결론 내리면 어중간하게 끝나버리고 만다.

대상자가 낫고 싶다는 생각을 하고 있다면 그에 다가가기 위해 필요한 감정적 베네핏이 무엇인지를 여러 각도에서 찾아내야 한다.

도표 1-10. 브랜드 스위칭(brand switching)이 불가능 할 때의 정당화(감기약 사례)

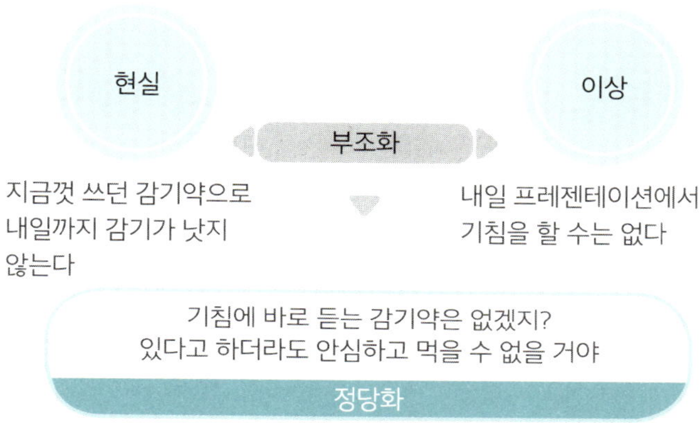

도표 1-11. 부조화 해소 메커니즘을 이용해 시험 구입을 유도(감기약 사례)

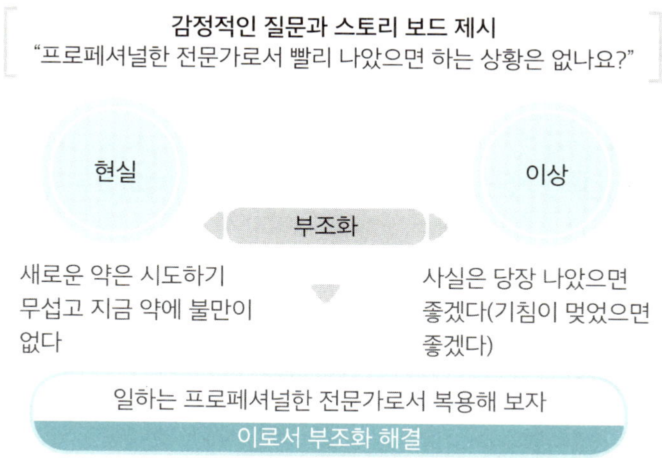

[사례] 틀니는 잘 맞습니까?

틀니를 사용하는 노인들이 틀니에 대한 문제점을 느끼게 하여 인사이트를 발견할 수 있도록 유도하기 위해 일기를 쓰게 한 적이 있다.

먼저 일기를 쓰기 전에 인터뷰를 실시했다. "틀니가 잘 맞나요?"라는 질문에 "네, 잘 맞아요"라고 대답하는 사람이 대부분이었다. 그러나 "틀니를 쓰게 되면서 불편함을 느끼는 경우는 없었나요?" 라고 묻자 "아~! 있어요. 틀니와 잇몸 사이에 딸기 씨 조각이 껴서 아플 때가 있어요"라는 대답을 한다.

이를 듣고 있던 마케터 중 한 명이 "이 말은 잘 안 맞는다는 뜻인데"라며 중얼거렸다. 본인에게 '맞는다, 안 맞는다'는 이야기를 곧이곧대로 받아들인다고 한다면 '틀니가 잘 맞는 사람'이 대부분일 것이다.

이런 이유로 노인들에게 일상생활 속에서 일주일 동안 일기를 쓰도록 한 후, 다시 인터뷰해 재차 물어보았다. 일주일 동안의 모든 식사 메뉴는 물론이고 하루하루의 행동도 기입하도록 해 틀니 착용과 연관 지어 불편했던 점이나 당혹스러웠던 점을 적도록 했다. 이렇게 했더니 구체적인 사항이 많이 발견됐다. 일기를 보면서 확인해보니 '잘 맞는다'고 생각했던 틀니가 사실은 맞지 않는다고 느껴지는 경우도 많이 있음을 알 수 있었다.

인터뷰에서 "잘 맞나요?"라고 질문을 던져도 큰 마음 먹고 한 틀니가 잘 맞으면 좋겠다는 심리가 작동하여 '잘 맞는다'고 대답하는데, 구체적으로 "오징어나 고기를 잘 씹을 수 있나요?", "깨, 딸기 씨, 땅콩 조각 등이 껴서 아팠던 적은 없나요?", "노래방에서 입을 크게 벌려 노래를 불러도 괜찮나요?" 등 구체적으로 물어 봄으로써 '잘 맞지 않는 경우'를 보다 많이 확인할 수 있었다. 잘 맞지 않는 상황을 캐 물어서 파악해냄으로써 보다 노인들의 니즈에 부합하는 제품을 개발하기 위한 정보를 얻을 수 있었다(도표 1-12, 1-13).

감기약 사례에서는 질문을 통해 감정적 베네핏을 탐색해 보기 위해서 '난처했던 경험'을 상기시켰다. 틀니 사례에서는 일기를 쓰게 하여 구체적인 기분을 떠올리게 했다. 다음 사례는 자동차를 구입할 때 망설였던 이유를 물어 봄으로써 자동차를 구입할 때의 심리를 탐색한 사례이다.

도표 1-12. 필요성을 느끼지 못할 때의 정당화(틀니 사례)

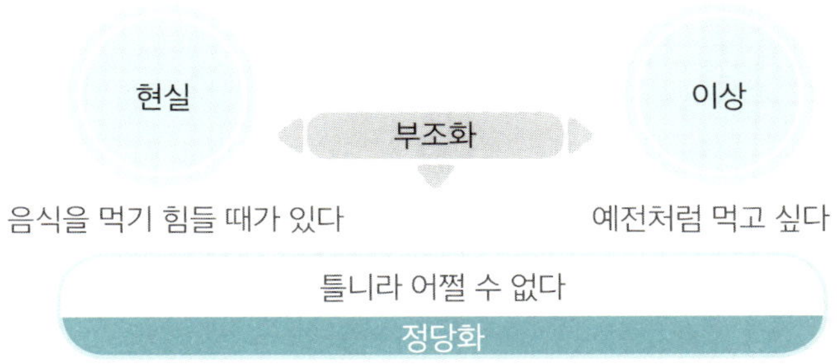

도표 1-13. 부조화 해결 메커니즘을 이용해 시도를 유도(틀니 사례)

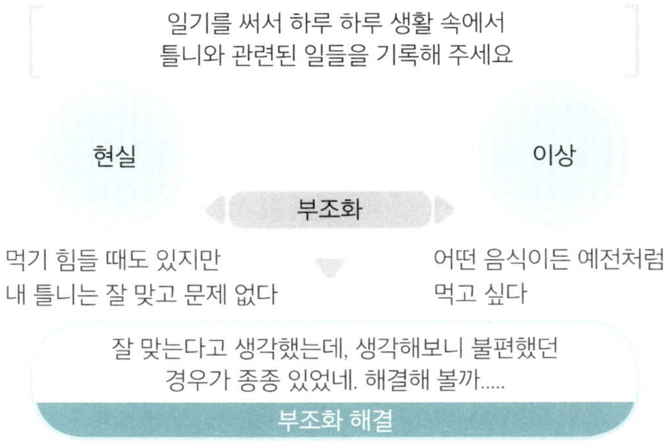

[사례] 눈 쌓인 산길을 가지 않더라도 4륜 구동차를 산다

인터뷰어가 '왜 샀는지'만을 묻게 되면 조사 대상자는 논리적, 합리적인 이유를 말해야 한다고 생각해 논리 정연한 대답을 하려는 경향을 보인다. 그러나 심리적인 갈등이나 망설임이 없었는지 등 갈대처럼 흔들리는 감정적인 면에 대해 이야기 해도 괜찮은 분위기를 조성하면 이상과 현실의 간극과 함께 어떻게 하면 그 이상에 다가갈 수 있는지에 관한 힌트를 얻을 수 있다.

도협 씨는 시스템 엔지니어로 업무가 많아 야근이 잦으며 휴가를 내는 것도 쉽지 않다.

"왜 4륜 구동 차를 샀나요?"라고 묻자 "스키를 타거든요...... 눈길에 강하고 짐을 많이 실을 수 있어서"라고 대답한다. 이어 "스키는 1년에 몇 번이나 타러 가세요?"라며 행동에 대해 물었더니 "아니 그게 최근에는 부쩍 스키 여행을 못 가게 됐어요"라고 한다. 인터뷰어의 머리 속에는 '스키를 타러 가지도 못하는데 어째서 이 사람은 4륜 구동 차를 샀을까?'하는 의문이 생겨난다.

그래서 4륜 구동 이야기는 잠시 제쳐 두고 '애당초 자동차를 살 때 고민하거나 망설여졌다 거나 마음에 걸렸던 점은 없었는지' 물어보았다. 그러자 "생각처럼 스키도 못 타러 가는데 적어도 기분만이라도 스키장을 느끼며 달리고 싶은 마음이었죠.

이런 생각을 하면 안되는데, 도시에서 이런 차를 운전하면 연비가 좋은 것도 아니고, 덩치가 커서 혼자서 타면 환경 면에서도 안 좋으니까. 그래서 세단도 보기는 했는데 이 차를 사면 오히려 스키를 타러 갈 수 있게 되지 않을까 생각했어요. 도시에서는 겨우 주말에 집사람과 마트로 장을 보러 가거나 아들 녀석을 축구 경기장에 데려다 주고 데리고 오는 용도로 사용합니다. 결국 도시에서 이동 수단으로 운전하는 경우가 현실적으로는 많긴 해요"라는 대답이 돌아왔다.

대답을 듣고 "그런 고민 후에 구입하셨군요. 충분히 고민할 만 하네요"라며 인터뷰어가 조사 대상자의 고민에 공감을 표한다. 그랬더니 "그 시기에 TV 광고를 봤어요. 4륜 구동 차가 질주하는 장면이 나오는데 배경이 도시도 됐다가 산길도 됐다가 하는 장면이 나오더라고요. 4륜 구동이지만 상당히 고급스러워 보이는 실내 인테리어라 마음에 들었고, 아마 그게 꽤 영향을 줬을 수도 있어요. 친구도 4륜 구동을 타고 있던 터라" 등 구입의 자극제가 됐던 TV 광고 이야기가 나왔다(도표 1-14, 1-15).

이렇게 질문을 해 나가다 보니 도협 씨는 딱히 이번에 구입한 차를 '눈길을 달리는 차'로 받아들이고 있는게 아니라 '평소에는 도시에서 타는 차이면서 경우에 따라 눈길에서도 달리며 아웃 도어 기분을 느낄 수 있는 차'로 생각하고 있다는 사실을 알게 됐다. 이런 마음이 표현된 광고를 봄으로써 죄책감(저연비에 환경에도 나쁘다는 생각)이 들긴 했지만, 그래도 좋다(광고와 같은 차의 사용법도 있을 수 있겠다)며 정당화하게 됐고, 이 차를 사도 괜찮다는 이야기를 들은 기분이 든 것이다.

이것은 도협 씨가 본인이 판단하기에도 비합리적이라고 생각했던 결정(도시에서 4륜 구동을 탄다)을 조금의 거부감도 없이 납득하기(인지적 부조화를 해소) 위해 '도시 주행도 가능한 4륜차'라는 메시지를 선택적으로 받아들인 결과라고 할 수 있다.

현실과 이상의 간극을 메우는 '합리화가 가능한 이유'를 광고 표현을 통해 자연스럽게 전달한 방법이 효과를 발휘했다.

제 1장에서는 인터뷰를 통해 어떤 사실을 이해할 수 있는지에 대해 설명했다. 다음 장에서는 말로는 표현이 안되는 정보를 해석하는 방법에 대해 다뤄보도록 한다.

도표 1-14. 갖고 싶은 마음이 들 때의 정당화(자동차 사례)

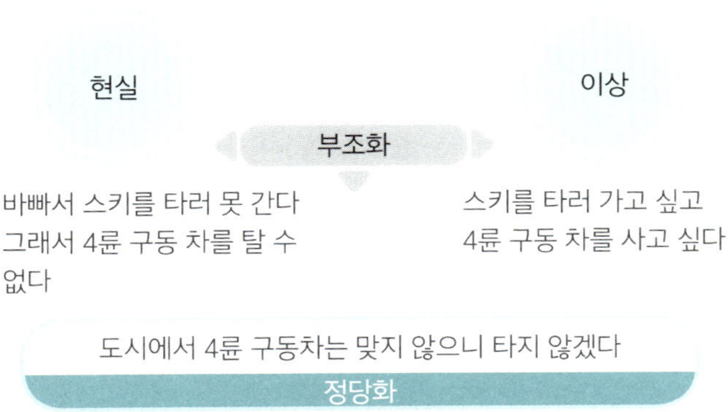

도표 1-15. 부조화 해소 메커니즘을 이용해 결정을 유도(자동차 사례)

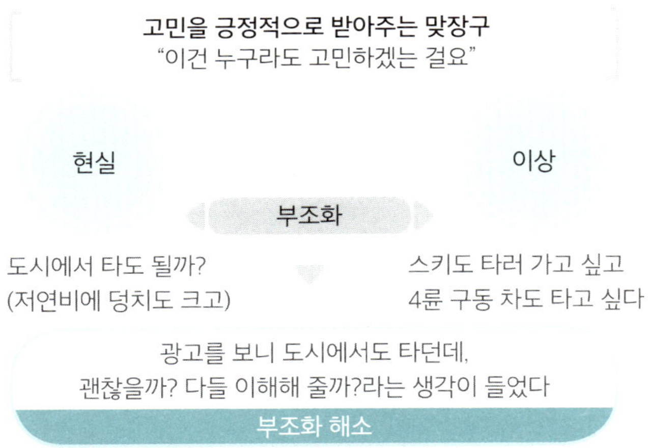

제2장

언어 이외의 정보를 읽어낸다

어째서 속마음은 말하기 어려운 걸까?
- 언어를 지배하는 마음을 이해한다

전달하고 싶어도 말로 하기 싫다/말로 표현할 수 없다

생각하는 바를 전하고 싶고 나를 이해해 주길 바라지만 그 마음을 직접적인 말로 하고 싶어 하지 않는 것이 인간이란 사실을 인터뷰를 하면서 매 번 느끼곤 한다. 어른뿐 만 아니라 아이들도 마찬가지다. "오늘 저녁 메뉴는 뭐야?"라며 엄마에게 묻는 아이의 마음 속에는 이미 먹고 싶은 음식의 메뉴가 정해져 있다. 반대로 엄마가 "뭐가 먹고 싶니?"라고 물어봐 주길 바란다. 하지만 엄마에게 직접적으로 말하지 못해 원하는 메뉴를 말하기 전에 "오늘 메뉴가 뭐야?라고 묻는 것이다.

마케팅 리서치 현장에서는 '어째서 그것을 샀는지'를 물어 봄으로써 대상 제품의 우위성과 강점을 이해하려 한다. 그러나 소비자 입장에서 보면 일상적인 자기 분석을 통해 그 이유를 의식적으로 파악하지 않으니 "어째서 그 차를 샀나요?"라는 직접적인 질문을 받으면 당혹스러울 것이다. 그리고 생각나는 대로 몇 개의 이유를 댄다. 예를 들어 차의 크기, 넓은 내부, 마음에 드는 스타일링 따위의 이유를 말이다. 이 이유만 듣고 인터뷰를 마쳐서는 '그 중 무엇이 구매에 결정적인 요인으로 작용했는지', '왜 같은 크기, 같은 내부 넓이를 가진 타사 차량을 선택하지 않았는지'는 알 수 는 없다.

대체적으로 그 자리에서 바로 말로 표현되는 이유는 다른 사람에게 말 할 수 있는 공식적인 이유 즉, 두루뭉술한 이유이다. 그 이유에서 한 발 더 들어가 개인적인 생각을 끌어내지 않으면 진짜 이유를 알아낼 수 없다. 하지만 '왜 좋은지', '어떻게 좋은지'를 묻더라도 솔직하게 대답할 수 없다. 차는 자기 표현의 하나이며 다른 차에서 볼 때의 인상이 중요하다는 것을 본인 스스로 의식하지 못하고 있던가, 의식하고 있더라도 즉각적으로 언어화해 표현할 수 있는 사람은 마케터 중에서도 매우 극소수이다.

또한 의식하고 있더라도 타인에게 이를 말하는 행위 자체를 부끄럽게 생각하는 마음도 물론 있을 것이다. '차는 본인에게 어떤 존재인가', '달릴 때 어떤 기분이 드는가', '다른 사람은 어떻게 생각할거라고 생각하는가' 등의 질문을 거듭해 나가다 보면 차에 바라는 요소가 눈에 보이게 된다.

속마음을 말할 수 없는 3가지 요인

사람이 속마음을 언어화 하는 게 어려운 이유로 다음의 세 가지 요인을 생각해 볼 수 있다.

- 속마음을 말할 수 없는 요인① 체면 차리기

사람은 처음 만난 사람이나 잘 모르는 사람 앞에서는 자신을 꾸미려고 한다. 원래 자기 자신보다 더 부풀려 좋게 보이려고 한다.

- 속마음을 말할 수 없는 요인② 사회적 역할에 의한 구속

  사람은 본인의 위치·사회적 역할 때문에 속마음을 말하면 주변 사람들에게 오해를 받을 거라는 생각이 들면 속내를 털어놓으려 하지 않는다. 파문을 부를 수 있는 발언을 자제해 사회적인 충돌을 피하려고 한다.

- 속마음을 말 할 수 없는 요인③ 암묵지(暗默知, tacit knowledge)

  사람은 반드시 말을 매개로 하지 않더라도 세상사를 인지, 이해할 수 있다.

[요인 1] 체면 차리기

인터뷰에서는 무의식 중에 실제 자기 자신보다 과장하거나 허세를 부리는 상황이 종종 있다. 이는 경제적인 부분과 관련된 질문(이게 가격이 얼마라면 사시겠어요?)이나 약점을 드러내는 질문(언제 ○○에 대해 불안을 느끼나요?)을 할 때이다.

또 자기와 비슷한 사회적 위치에 있는 사람들끼리 모이는 경우(부장급끼리, 자영업 사장들끼리, 신입사원들끼리 등)에도 견제와 라이벌 의식이 강하게 작용한다. 이런 경우에는 최대한 서로의 직업이나 직종을 말하지 않도록 하고 게임을 하는 느낌으로 즐겁게 얘기할 수

있는 방법(비유, 의의화법, 가정법, 파티 엑서사이즈 등)을 구사하는 등의 노력이 필요하다(제 7장 참조).

[요인 2] 사회적 역할에 의한 구속

사람은 다른 사람의 눈에 자기가 어떻게 비춰지는지에 신경을 많이 쓴다. 예를 들어 엄마들에게 아이 이유식에 대해 이야기 하도록 할 때에는 '아무리 해봐도 너무 힘들어서 편하게 하고 싶다'는 마음과 '엄마니까 아이를 최우선으로 생각해 직접 만들어 줘야만 한다'는 이상이 충돌해 갈등이 발생한다. 그래서 말할 때는 이상적인 즉 건전한 의식에 대해 이야기하는 사람이 많다. 이런 경우에는 물론 그런 경우가 대부분이겠지만 '정말로 힘들 때는 어떻게 하나요?' 또는 '이 날 만큼은 좀 내려놓고 대충하고 싶을 때는 어떻게 하나요?'라고 물어 상황을 한정시킨 뒤 대답하도록 하는 방법이 있다. 이와 함께 실생활에서 담당하고 있는 역할과 그로 인해 수반되는 의식을 버릴 수 있는 방법(역할극 기법, 예를 들어 엄마의 입장이 아닌 친정 엄마나 친구의 입장에서 이야기 해 보도록 유도)을 사용해 질문에 대답하도록 할 수도 있다.

[요인 3] 암묵지(暗默知, tacit knowledge)

물리학자인 마이클 폴라니(Michael Polanyi, 1891-1976년)는 '인

간은 말로 얘기할 수 있는 것 보다 많은 것을 알 수 있다'는 개념을 '암묵지'(tacit knowledge)라고 정의했다. 폴라니는 물리학을 비롯해 과학철학과 과학사회학 분야에서도 독자적인 이론을 펼쳤다.

사람은 어떤 사람의 특징을 소상하게 설명하지 못해도 한 번 본 얼굴을 다시 보게 되면 알아차린다. 또 10년 만에 만나는 옛 친구를 북적이는 인파 속에서도 제대로 구분해 내기도 한다. 단순히 '어떤 얼굴인지'를 말로 표현하지 못하는 것일 뿐이다. 이 때문에 범인의 얼굴을 특정할 때에 몽타주 사진이 필요한 것이며, 구체적인 사진을 보여주면 '맞아요, 이 얼굴이었어요'라며 알아 보는 것이다.

『암묵지 해부』(가네코쇼보金子書房)의 저자인 후쿠시마 마사토 씨는 미국의 사회학자 하퍼(D.Harper)의 구체적인 연구에서 힌트를 얻어 고도로 숙련된 자동차 용접기술공이자 말수가 적은 장인이 어떻게 작업을 설명할지 지켜보았다. 이는 장인의 작업 공정을 순서대로 사진으로 찍어 그것을 보면서 장인에게 설명을 듣는 방법으로 진행했다.

이를 통해 얼핏 보면 끊임없이 같은 동작을 반복하는 것처럼 보이는 작업에도 당사자만이 알고 있고 직관적으로 이해하고 있는 타이밍이 존재한다는 사실을 알게 됐다.

맛에 대한 표현, 예를 들어 와인 맛에 대한 표현은 와인에 대한 깊은 지식과 풍부한 어휘력을 갖추고 각각의 와인 맛에 대해 몸소 체험하면서 훈련하는 소믈리에라면 모를까, 일반인에게는 어렵다. 기업이나 제품의 이미지에 대해서도 즉각적으로 적확한 단어를 사용해 표현할 수 있는 사람은 많지 않다. 그러나 분명 좋아하는 이유가 있다는 사실을 본인은 알고 있으며, 느끼고 있을 것이다.

광고조사에서는 TV광고를 방영하기 전에 광고 시안을 모니터링해 광고에 대한 인상을 듣고 개선하기 위한 힌트를 얻는다. 방금 본 광고가 마음에 드는지 아닌지를 물어보면 '좋아요!'라고 대답은 하지만 '어디가?'라고 되물으면 바로 대답을 하지 못한다. 자세하게 물어보면 배경 음악이나 영상의 색채, 빠른 화면 전개, 모델의 자잘한 손짓이 마음에 들었다고 한다. 이는 본인이 바로 알지 못하더라도 '확실히 눈으로 보았고 귀로도 느끼고 있기' 때문에 좋다는 생각을 한 것이다.

이들 암묵지를 통해 알게 된 점을 질문을 통해 끌어내는 방법(비유, 콜라주 등)은 제 7장에서 소개하겠다.

인터뷰어는 말에만 의존할 게 아니라 침묵과 애매모호한 발언, 인터뷰 대상자의 심리에도 유의하면서 인터뷰를 진행해야 보다 많은 내용을 파헤쳐 낼 수 있다.

유익한 정보가 숨어있는 '침묵'
- 침묵을 존중한다

투명한 공 받기

기업의 의뢰를 받아 실시하는 마케팅 리서치에서는 예산의 제약도 있고 때로는 한정된 시간 안에 많은 사항을 탐색해야 하기 때문에 어쩔 수 없이 인터뷰어의 발언이 많아져 취조하는 듯 질문을 하게 되기도 한다. 이런 상황에서 조사 대상자의 침묵과 대면하게 되면 당황하여 대답을 종용하게 되는 경우가 빈번히 발생한다.

그러나 침묵은 유효한 정보이다. 6~8명이 어떤 한 주제에 대해 얘기하는 포커스 그룹 인터뷰에서는 각각의 조사 대상자가 공을 주고받듯 이야기를 주고 받으며 대화를 나눈다. 서로의 말이 서로의 의식을 자극해 그룹 구성원에게 영향을 주고 받으며 대화가 진전된다.

포커스 그룹 인터뷰가 인터뷰어와 조사 대상자 또는 조사 대상자 간의 캐치볼이라고 한다면 침묵은 투명한 공이라고 생각해도 좋을지 모르겠다. 침묵은 결코 캐치볼에 참가하지 않겠다든가 중단하겠다는 의미가 아니다. 어떤 사람이 발언을 했을 때, 이 말은 그 사람이 색을 칠해 눈에 보이는 공을 던지는 것과 같다. 그 공을 받은 사람이 투명한 공을 던지는 경우 즉, 침묵을 하는 경우도 있다. 다른 대상자들도 투명한 공이 던져진 사실을 안다. 그 투명한 공을 받은 다른 사람들도 투명한 공을 던진다. 혹은 투명한 공에 말을 담아 색이 칠해진 공을 던진다. 즉, 발언을 하게 만드는 것이다. 이렇게 생각해 보면 인터뷰어는 투명한 공 즉, 침묵도 받아들여야 한다. 이런 경우 대처 방법을 고민해 보기 위해 [도표 2-1]에 침묵이 의미하는 바를 유형 별로 나누어 보았다.

도표 2-1. 침묵의 종류

종류	인터뷰 대상자의 심리 상태
당황해서 발생하는 침묵	지금까지 생각해본 적이 없어 머리 속이 백지 상태라 당혹스럽다!
질문을 파악하지 못해 발생하는 침묵	질문의 요지를 잘 모르겠다. 다른 사람들은 이해했을까?
일시 정지로 인한 침묵	어떻게 대답해야 좋을지 모르겠으니 다른 사람들의 대답을 기다려보자.
거부감에 인한 침묵	이야기 하기 껄끄러운 것을 물어보네. 말하고 싶지 않은 부분에 대한 질문이네.
주저해 생기는 침묵	이런 얘기를 하면 인터뷰어에게 실례가 되지 않을까?
배려하는 마음에서 침묵	이런 얘기를 하면 다른 참가자들에게 실례가 되지 않을까?
너무 당연해 말하지 않는 침묵	음... 이런 당연한 사실에 대답해야 하나? 말하지 않아도 알지 않나?

침묵의 매니지먼트

침묵이 유형별로 나누어 진다고 해도 실제 대상자들이 침묵할 때 '어떤 유형'인지는 알 수 없다. 이는 상상에 맡길 수밖에 없다. 따라서 가능하다면 침묵을 수용해 잠시 기다려주는 게 좋다. 그러다 누군가 조심스레 이야기를 시작한 이후에야 침묵의 의미를 깨닫게 되는 경우도 있다.

침묵을 견디지 못하고 마치 침묵이 없었던 것처럼 유도 질문을 하는 행동, 얘기의 주제를 갑자기 변경해 인터뷰어가 그 순간에서 도망치려고 하는 행동은 절대 삼가야 한다.

잠시(3~5초) 기다려도 발언 없이 긴 침묵이 이어질 것 같은 경우에는 일부러 "이 침묵은 무슨 의미가 있는 것 같군요", "아무 말씀이 없으시네요" 또는 "분위기가 왜 이렇죠?"라고 말을 건넨다. 인터뷰어도 침묵을 받아들이는 태도를 보여준다.

그러면 "그러니까 그게 이러쿵 저러쿵 얘기해도…… 제 말은 말이죠……"라며 말하지 않았던 내용을 이야기 하기 시작하는 경우도 있다.

아래에 각 침묵의 유형을 전제로 질문하는 법에 대해 설명하겠다.

[대처법 1] 당황해서 발생하는 침묵

"평상시에는 이런 것은 생각하지 않을 수도 있겠지만, 이 자리에서는 한 번 생각해 보도록 하죠. 어떠신가요?"라며 말을 꺼내 조사 대상자가 평소에 의식하지 않았던 부분을 물어보기 때문에 말로 표현하기 어렵겠지만 그래도 대답해 주길 바란다는 자세를 보여준다.

이렇게 말을 꺼내면 얘기를 시작하는 사람이 나타난다. 그 말을 듣고 다른 사람도 "저 같은 경우는……"이라며 얘기를 시작하는 경우가 많다.

인터뷰어: (20대 직장여성에게) 여러분은 평소 사용하는 토너에 바라는 점이 있습니까? 무엇을 기대하시나요?

조사 대상자: 〈침묵〉(얼굴에 응???이란 물음표가 써져 있는 사람이 대다수)

인터뷰어: 아마 평상시에는 이런 생각 없이 쓰고 계실 거예요. 그런데 어떤가요? 한 번 생각해 보자구요. 어떤 점이 있을까요?

조사 대상자: 일단 보습이죠……수분을 공급해주는…… 그리고……

[대처법 2] 질문을 파악하지 못해 발생하는 침묵

"제 질문이 무슨 뜻인지 잘 모를 경우 부끄러워하지 마시고 언제든지 말씀해 주세요. 어떤 것이든 다 괜찮습니다"라고 말을 꺼내 일단 조사 대상자들이 발언을 하도록 독려한다.

인터뷰어: 그럼 이 브랜드를 다른 무언가에 비유해 볼까요? 여러분에게는 어떤 것인가요? 무엇과 비슷한가요?

대상자: 〈침묵〉

인터뷰어: (내 눈을 응시하며 보충 설명을 기대하는 듯한 생각이 들었기 때문에) 제가 무슨 말을 하는지 잘 모를 경우에는 부끄러워 마시고 물어보세요.

대상자: 아무거나 다 되나요?

인터뷰어: 그럼요. 뭐가 됐든 다 좋아요. 꽃이든 동물이든 신발이든 옷이든 뭐든 다 좋습니다.

대상자: 저에게 ○○는 스니커 운동화라는 이미지가 있어요.

[대처법 3] 일시 정지로 인한 침묵

처음에는 특정 대상자를 지명하지 않고 기다려 본 뒤, 그래도 침묵을 깨는 대상자가 나타나지 않으면 발언 양이 적은 사람부터 지명한다. "○○ 씨는 어떠세요?"라고 물으면서 조사 대상자들이 서로의 얼굴만 쳐다보며 아무 말도 하지 않는 상황을 타파한다.

인터뷰어: (남자 대학생 그룹)이성과 만날 때 어떤 향수를 뿌리나요?

대상자: 〈침묵〉 (누군가 먼저 말하지 않을까……?)

인터뷰어: (지명하고 싶지만 조금 더 기다린다) 어때요?

대상자: 〈침묵〉

인터뷰어: 그럼 희찬 씨는 어때요?

대상자(희찬): 저요? 저는 딱히 이성을 의식해서 뭔가를 하는 편이 아니라……

인터뷰어: 그럼 평상시는 그렇다 치고, 미팅에 굉장히 예쁜 여자가 나온다는 말을 들었을 때는 어떤가요?

대상자(희찬): 미팅이요? 음, 그런 경우에는 말이죠…… 패션에 힘을 팍 주고 나가죠. ^^

인터뷰어: 향수는요?

대상자(희찬): 뿌리죠.

[대처법 4] 거부감에 인한 침묵

"대답하기 어려운가요?"라고 물어 조사 대상자가 '질문'에 대해 느끼고 있는 거부감을 인터뷰어가 눈치챘음을 알린다.

인터뷰어: (40대 남성에게) 그럼, 이게 가격이 얼마면 사시겠어요?

대상자: 〈침묵〉

인터뷰어: 대략적인 가격을 말씀해 주시면 됩니다. 감각적으로 말이죠.

대상자: 〈침묵〉

인터뷰어: 대답하기 어려우세요?

대상자(송인용): 아니요, 딱히 그렇지는 않은데, 이게 필요한지 아닌지에 따라 가격이 달라질 것 같아요.

인터뷰어: 그렇긴 하죠. 그냥 단순하게 송인용 씨가 얼마면 좋겠다고 생각하는지 먼저 이야기해 볼까요? 다른 사람들 생각은 일단 하지 말고요, 송인용 씨라면 얼마면 좋겠어요?

[대처법 5] 망설여서 생기는 침묵

"솔직한 의견을 말씀해주세요. 제가 이 아이디어를 생각해 낸 게 아니니까요"라며 전제를 깔아 인터뷰어와 아이디어 사이에 관계가 없음을 밝혀 대상자가 어떤 발언을 해도 실례가 되지 않는다고 생각하도록 하는 것이 효과적이다.

인터뷰어: (20대 여성에게) 그럼 지금 보여드린 아이디어 중에 어떤 것이 제일 마음에 드시나요?

대상자: 〈긴 침묵〉

인터뷰어: (지금까지 아이디어에 대해 나온 반응을 종합해 볼 때, 대상자들이 모든 아이디어를 그냥 그렇다고 생각하는 것으로 판단해 질문한다) 반드시 어느 하나를 꼭 골라야 하는 게 아니에요. 저에게 솔직하게 얘기해주세요. 제가 생각해낸 아이디어가 아니니까 그래도 이 중에서 뭐가 괜찮다고 생각되는지, 별로라고 생각되는 게 어느 것인지 기탄없이 얘기해 주셔야 의미가 있는 거니까요.

대상자: 솔직히 말해서……여기 있는 아이디어들은 하나같이 다 난해하다고 할까? 조금 애매모호하다고 할까? 이게 결국은……

[대처법 6] 배려하는 마음에서 만들어진 침묵

"사람은 다들 생각하는 것도 다르고 느끼는 것도 다른 게 당연하잖아요. 이 자리에서는 다른 사람과 다른 의견을 얘기한다고 해서 그 사람을 비난하거나 상처를 주는 게 아닙니다. 그러니 본인이 어떻게 생각하는지 솔직하게 말씀해주세요"라고 말해 다른 조사 대상자들을 신경 쓰지 않아도 된다는 점을 알려준다.

인터뷰어: 그럼, 방금 보신 테스트 제품을 써보고 싶은 마음이 드나요?

대상자: 〈침묵〉

인터뷰어: 어떠세요?

대상자: 저는 써보고 싶어요. 원래 이 브랜드도 좋아하는데다가 왠지 효과가 있을 것 같아요.

인터뷰어: 다른 분들은요?

대상자: 〈침묵〉

인터뷰어: 다른 분들은 모두 관심이 없으세요? 그럼 왜 써보고 싶지 않나요?

대상자: 〈침묵〉

인터뷰어: (써보고 싶다는 사람을 배려하고 있다는 사실을 지금까지의 대화를 통해 파악했기 때문에) 여러분들의 취향이 각자 다른 것은 당연하잖아요. 본인이 어떻게 생각하는지를 얘기해주시면 됩니다.

대상자: 저에게는……제가 좋아하는 브랜드도 아니고 굳이 이 제품을 써야겠다는 생각이 들지 않아요. 굳이 이렇게 까지……이건 심각한 상태의 사람들이 쓰는 제품이란 생각이 들어서요……

[대처법 7] 너무 당연해 말하지 않는 침묵

“여러분들에게는 당연한 일 일수도 있겠지만, 잘 모르는 저에게 좀 더 상세히 설명한다 생각하고 얘기해 주시겠어요?”라며 설명하지 않아도 알 수 있는 것이지만 그래도 꼭 얘기를 해주면 좋겠다는 뜻을 전달한다.

인터뷰어: 베컴을 왜 다들 좋아하는 걸까요? 어떤 점이 좋아요?

여고생 대상자: 〈침묵〉

인터뷰어: 여러분들은 말로 하지 않아도 알 수 있을지도 모르겠지만, 그래도 말로 표현해볼까요? 제가 베컴에 대해 모르는 사람이라고 생각하고 설명해 봐요. 실제 잘 모르기도 하고요.^^ 어떤 점이 매력적인가요?

여고생 대상자: 베컴은 ○○○○면이 있죠.

'이야기 하지 않았던 부분'을 놓치지 않는다 - 미처 의식하지 않았던 부분을 자연스럽게 이야기하도록 한다

단계적으로 확인한다

광고 제작을 위한 조사에서 테스트 광고를 보여주었을 때의 일이다. 실은 제작사는 광고에 등장하는 모델의 머리카락이 너무 빨간 게 아닌가 걱정했었다.

광고를 본 대상자들은 아무도 이 점에 대해 언급하지 않았다. 포커스 그룹 인터뷰의 대상자들에게 빨간 머리카락이 눈에 띄지 않았던 것인지, 눈에 띄긴 했지만 허용범위 안에 있어서인지, 아니면 조금 마음에 걸렸지만 첫 번째로 언급할 만한 내용이 아니라고 판단해 언급하지 않았는지를 확인할 필요가 있었다. 이처럼 우려하는 사항에 대한 체크는 [도표 2-2]와 같이 단계적으로 확인해 나간다.

대상자가 말하지 않았던 점을 조금씩 의식하도록 유도하면서 어느 단계에서 인식하는지를 질문을 통해 확인하면 그것이 얼마나 심각한 문제인지가 명확해 진다.

스텝4에서 누군가 한 사람이 힘들게 입을 떼며 조금 마음에 걸린 정도라고 말한다면 전체적으로 문제가 없으며 개선이 필요 없는 것으로 판단하게 된다.

그러나 스텝1~3을 거치지 않고 물어보게 되면 과연 수정을 해야 하는지, 아니면 수정할 필요가 없는지 알 수 없게 된다. 사람은 "마음에 걸리나요?"라고 물어보면 대부분 "신경 쓰이죠"라고 대답하는 경향이 있다. 특히 "마음에 걸리는 부분은 없었나요?"라는 질문은 대상자에게 바이어스를 제공하는 것과 같다. 신경 쓰이는 부분이 있는 게 당연하다는 듯한 뉘앙스를 주기 때문에 필요 이상으로 대상자가 의식하게 된다. 실제로는 거의 의식하지 못했는데 '어라? 뭔가 있나?' 싶어서 "네, 신경 쓰여요"라고 대답하는 사람이 발생할 가능성이 있다.

도표 2-2. '말하지 않았던 부분'을 묻기 위한 단계

[좋은 질문 방법]

스텝4 그래도 침묵이 계속된다면 "머리카락이 너무 빨갛다고 느끼신 분 없나요? 라며

이 단계에서 비로서 구체적으로 질문한다.

스텝3 그래도 머리카락에 대한 발언이 없다면 "머리는요?"라며 묻는다

스텝2 언급이 없을 경우 "그런데 모델의 인상은 어땠나요?"라며 모델로 화제를 돌린다

스텝1 일단 자발적으로 무슨 얘기를 하는지 듣기 위해, 일체의 디렉팅 없이 자유롭게 이야기하도록 한다

[좋지 않은 질문 방법]

스텝2 여기서 바로 "모델의 머리카락이 너무 빨갛게 느껴지지 않았나요?" 라며 구체적으로 묻는다.

↑

스텝1 자발적으로 이야기하도록 한다

발언한 사람과 발언하지 않은 사람의 차이점을 명확히 한다

어떤 사람이 말한 내용의 의미가 그에 대해서 '말하지 않았던' 사람의 존재로 인해 파악되는 경우가 있다. 하나의 상품에 대해 한 사용자가 자주 언급했던 내용을 다른 사용자는 말하지 않는 경우가 있다. 또는 그 반대인 경우도 있다. 어째서 이런 경우가 발생하는지를 파헤쳐 내기 위해 질문을 반복하다 보면 양측의 상품에 대한 의식 차이가 드러나게 된다.

생수에 대한 조사를 한다고 가정해보자. 인터뷰 대상자로 서울 시내에 거주하는 생수 헤비 유저(heavy user)와 라이트 유저(light user)가 섞인 그룹이다.

"왜 생수를 구입하나요?"라는 질문에 "저희 집 물이 맛이 없거든요"라고 생수 헤비 유저가 대답한다. 수돗물을 그대로 마실 수 없다고 생각하고 있다. 그래서 밥을 지을 때도 사용하고 차를 끓을 때도 사용한다.

한편, 라이트 유저에게서는 수돗물 얘기가 전혀 나오지 않았다. 매일 아침 물을 한 컵씩 마시는데, 이 때 생수를 마신다고 한다.

인터뷰어: 왜 생수를 구입하나요?

헤비 유저: 저희 집 물은 맛이 없어서 마실 수 없거든요. 밥을 지을 때도 생수를 쓰고 녹차를 마실 때도 써요.

인터뷰어: 현주 씨는 어떤 가요?

라이트 유저: 매일 물 2리터를 마시면 몸에 좋다는 말을 들어서요. 특히 아침에는 꼭 한 컵씩 물을 마셔요.

인터뷰어: 몸에 좋다는 건 어떻게 좋은 건가요?

라이트 유저: 아침에 일어나자 마자 물을 마시면 변비에 좋다고 그래서……

인터뷰어: 변비가 걱정되세요?

라이트 유저: 네. 게다가 변비가 사라지면 피부에도 좋아요. 아침엔 꼭 마시죠.

〈헤비 유저는 밥짓기와 차 끓이기에까지 사용하는 반면, 라이트 유저는 아침에만 마신다고 한다. 여기서 이런 차이가 왜 나타났는지에 대해 생각한다. 라이트 유저의 수돗물에 대한 언급이 없다. 그래서 물어보았다〉

인터뷰어: 그럼 여러분, 맛있는 물이란 어떤 이미지가 있나요?

'맛있는 물이란 어떤 물인가?'에 대한 이미지를 얘기하도록 하자 헤비 유저는 '어렸을 적 살았던 지역(도시 지역 아님)의 물', '나에게 맛있는 물은 우물 물', '어렸을 적 집 근처 산 약수터에 있던 약수물의 맛이 좋았다'등 맛있는 물에 대한 어린 시절의 체험을 말했다. 그런데 라이트 유저는 그런 체험에 대해 물어도 조금의 반응도 보이지 않는다. 딱히 수돗물이더라도 문제될 게 없다고 한다.

헤비 유저는 맛있는 물과 관련한 어린 시절의 체험에 기반해 맛있는 물에 대한 이미지를 갖고 있다는 사실을 알 수 있었지만, 라이트 유저는 어린 시절에 그런 체험을 하지 않았다. 무엇을 기대해 생수를 마시는지 파헤쳐 내기 위해 라이트 유저에게 물었다.

인터뷰어: 아침에 한 컵씩 마시는 물이 왜 좋은 가요?

라이트 유저: 그게 잡지에 써 있더라고요...... 솔직히 물 맛이 좋은지 나쁜지는 잘 모르겠지만, 미네랄이라는 게 좋은 건가 싶어서...... 게다가 당분도 들어있지 않아서 칼로리도 제로거든요.

여기서 중요한 포인트는 라이트 유저 집의 물이 맛있다 또는 맛이 없다라는 사실보다 물에 대해 어떻게 인식하고 있는지를 아는 것이다. 때문에 그 사람이 무엇을 바라는지를 명확하게 하기 위해 "맛있는 물이란 어떤 이미지가 있나요?"라고 물었다.

이에 대해 라이트 유저는 변비를 해결해 주기 때문에 생수를 마신다고 한다. 물이 몸에 좋다고 인터뷰어가 제멋대로 해석해 여기서 질문을 끝낸다면 어중간한 조사가 되어 버리고 만다. "아침에 한 컵씩 마시는 물이 왜 좋은 가요?"라며 파고들지 않으면 생수의 어떤 속성(미네랄, 칼로리 제로)에 주목하고 있는지 파악할 수 없다.

라이트 유저는 수돗물의 대용품으로 생수를 구입하는 것이 아니라 미네랄이 포함된 음료수를 바라고 있으며 그 선택의 하나로 생수를 마시고 있었다.

생수와의 비교대상으로 헤비 유저는 수돗물을, 라이트 유저는 미용과 건강을 위한 음료를 후보에 올리고 있었다(도표 2-3).

이 차이는 작아 보이지만 경합되는 상품이 완전히 다르다. 헤비 유저용 상품이라면 경쟁대상은 정수기가 될 터이고, 라이트 유저용 상품이라면 차 음료나 기능성 음료가 되기 때문이다.

이에 따라 라이트 유저용 상품의 광고 커뮤니케이션 전략을 수립하기 위해 추가로 라이트 유저가 느끼는 생수의 배네핏을 취합하는 인터뷰를 실시했다.

도표 2-3. 생수에 대한 의식 차이

헤비 유저	라이트 유저
수돗물이 맛없다!	변비를 해결하고 싶다 피부가 좋아지면 좋겠다
밥을 지을 때도 차를 끓일 때도 생수를 쓰고 싶다	아침에 일어나서 생수를 한 컵 마신다 수돗물에 대해 언급하지 않는다

질문: 여러분에게 맛있는 물은 어떤 물인가요?

그 시절 마셨던 그 맛있는 물이 마시고 싶다 (어린시절 마셨던 물, 약수물, 우물 물 등)	잘 모르겠다 하지만 우리 집 물에 문제는 없다

질문: 아침에 한 컵씩 마시는 물이 왜 좋은 가요?

	당분을 섭취하기 싫고, 미네랄이 몸에 좋다고 해서
경쟁상품은 정수기	**경쟁상품은 차 음료 또는 기능성 음료**

니즈가 없어서 발언하지 않은 것인가?

'체취'에 대한 조사를 한다고 가정해보자. 데오도란트 제품을 사용 중인 사용자는 본인의 몸 냄새는 땀 냄새가 원인이라고 말하며 이를 예방하기 위해 제품을 사용하고 있었다.

그러나 체취가 신경 쓰이기는 하지만 이에 대처하기 위한 제품을 사용하지 않는 비사용자는 냄새의 원인은 체질에 있기 때문에 어찌할 방도가 없다고 생각하고 있었다. 그래서 냄새의 원인이 되는 것들에 대해 얘기할 때도 거의 발언을 하지 않았다.

인터뷰어: 몸에서 어떤 때 냄새가 난다고 느끼나요?

비사용자: 몸에서 나는 냄새요? 저는 잘 모르겠는데, 왠지 날 거 같긴 해요. 그래도 체취는 체질도 관련이 있어서……

인터뷰어: 몸에서 어떤 때 냄새가 난다고 느끼나요?

사용자: 운동을 하고 난 다음이나 여름에 하루 종일 외근을 해서 땀을 흘렸을 때요. 어찌됐든 에어컨 바람에 말린 땀을 그대로 두면 안돼요. 땀을 흘리는 것이 가장 큰 원인이겠지요? 그래서 땀이 나기 전에 데오도란트를 써요. 냄새가 나기 시작한 후에 제아무리 발라 봤자 소용이 없으니까요.

이처럼 사용자는 냄새와 땀을 연관 지어서 생각하고 있었고, 비사용자는 체질을 원인으로 생각하고 있었다.

그리하여 냄새와 땀의 관계, 냄새가 나는 메커니즘과 데오도란트 제품의 효과에 대해 그림을 활용해 설명한 다음 예방하고 싶은 니즈가 있는지 확인하기로 했다. 말하지 않은 이유나 니즈가 없기 때문인지, 니즈를 창출해 낼 가능성이 있는지를 탐색하기 위한 질문을 했다.

인터뷰어: 그럼 냄새를 예방하고 싶은 마음은 있나요?

비사용자: 가능하면 그렇게 하고 싶죠. 하지만 힘들 거라 생각해요.

인터뷰어: 어째서 힘들다고 생각하나요?

비사용자: 왜냐면 그게……(침묵)

인터뷰어: 만약에 이런 설명이 있다고 한다면 어떤 생각이 드나요? (제품 컨셉을 설명하는 그림을 제시)

비사용자: 좋은데요, 이거.

인터뷰어: 어떤 부분이 좋은 가요?

비사용자: 이 살균성분이 새로운 느낌이 들고 효과가 좋을 거 같아요. 그리고 냄새제거 성분도 확실히 들어가 있어서 냄새를 없애 주는 점이 좋아요. 냄새는 균이 증식해서 나는 거라는 걸 처음 알았어요.

인터뷰어: 그렇다면 마음에 들지 않는 부분도 있었나요?

비사용자: 스프레이 타입은 주변으로 날아가 버릴 거 같아서......

인터뷰어: 그럼 스프레이 타입이 아니면 될까요? 바르는 타입의 제품은 어때요?

비사용자: 그거라면 써보고 싶기도 하네요.

인터뷰어: 땀을 억제해준다는 부분의 설명은 어땠나요?

비사용자: 그것도 알기 쉬웠어요. 지금까지 살균과 땀 억제를 나눠서 생각하지 않았거든요.

이와 같이 제품의 효과를 제대로 설명함으로써 냄새를 예방하고 싶어하는 마음을 불러일으킨다는 점을 발견할 수 있었다.

억양, 어조, 표정, 보디 랭귀지를 이해한다 - 준언어·비언어 정보에 대한 해석

말이 커뮤니케이션 전체에서 차지하는 비중은 7%에 불과하다

심리학자 앨버트 메라비언(Albert Mehrabian)에 따르면 커뮤니케이션은 7%의 언어(즉 말의 내용), 38%의 비언어(목소리의 톤, 억양, 어조), 그리고 55%의 표정과 몸짓을 통해 전달된다고 한다.

즉, 전화 통화를 할 경우에는 커뮤니케이션의 55%를 차지하는 표정과 몸짓의 정보가 빠져버리고 만다. 화상통화라도 하지 않는다면 몸짓이나 표정은 보이지 않기 때문이다. 휴대전화로 메시지를 주고받는 경우에는 글로 적기 때문에 표정은 둘째 치고 목소리의 톤, 억양, 어조 등을 알 수 없어 93%의 정보가 누락되고 만다.

추가로 이모티콘 등을 사용해 어떻게든 결여된 비언어 정보를 보충하려는 행위는 위와 같은 배경에서 비롯된 것이다. 휴대전화 메시지에 글을 쓸 때 직설적으로 쓴다거나 또는 문장을 잘못 해석해 평소에 좋았던 친구 사이에 금이 가는 경우도 있다고 하니 이도 무리는 아닐 것이다. 전화 통화라면 그래도 목소리의 억양이나 어조를 파악할 수 있기 때문에 상대의 감정과 기분을 짐작할 수 있다. 오랜만에 건

전화에서 첫 마디만 듣고서도 상대방의 기분이 어떤지 의외로 잘 알 수 있었던 경험들이 있을 것이다.

포커스 그룹 인터뷰에서는 한 주제에 대해 동일한 단어를 사용해 말하더라도 보는 사람에 따라 반대로 해석해 받아들이는 경우가 있다. 이 점이 정성조사의 어려운 부분이기도 한데, 구체적으로 어떻게 하면 타당한 해석을 할 수 있을까?

현장 분위기, 준언어·비언어를 이해하기 위해

포커스 그룹 인터뷰를 관찰한 사람들은 인터뷰 종료 후 대상자의 발언을 해석해 통합하는 작업을 한다. 이를 디브리핑(Debriefing, 사후 검토 회의)이라 부르는데, 프로젝트 멤버는 각자 본인이 메모한 내용을 보면서 본인이 어떻게 느꼈는지, 과제가 무엇인지, 다음 그룹 인터뷰에서 추가로 질문해 탐색할 내용 등을 확인한다.

인터뷰어가 이번 그룹은 이런 결과가 나왔다며 전체적인 인상을 발표한다. 이 발표 내용에 대해 다른 해석을 한 사람이 있다면 그 내용을 서술해 의견을 교환한다.

이처럼 디브리핑 작업을 통해 프로젝트 팀 멤버는 의견을 조율해 나간다. 취득한 데이터에 의미를 부여해 정보로서 공유한다. 이 작업을 수행하지 않으면 데이터는 단순히 데이터로만 존재하게 된다. 힘들게 인터뷰를 진행하여 관찰하더라도 시간이 조금 지나면 현장감은 사라지고 만다. 그렇기 때문에 최대한 빨리 팀원끼리 의견조율을 진행해야만 한다.

시간은 짧아도 상관없다. 하지만, 그 자리에서 얻은 현장의 분위기와 준언어, 비언어적인 부분의 정보를 가능한 빨리 공유하는 것이 좋다.

어조와 표정을 이해한다

동일한 의견을 말하는 것처럼 보이는 2명의 의견이 완전히 다른 관점에서 나온 발언일 경우가 있다.

녹취 테이프를 글로 옮겨 적은 발언기록으로는 목소리의 톤, 어조 그리고 억양을 파악할 수 없으며 발언자의 진의를 헤아릴 수 없는 경우도 있다.

예를 들어 한 명품 브랜드의 우수고객들과 인터뷰를 했다고 가정해 보자. 매우 수준 높은 우수고객들과의 인터뷰다. 해당 브랜드를 굉장히 사랑하는 사람들이다. 이 브랜드가 앞으로 고객의 구입 금액에 따라 서비스에 차등을 두어야 하는가? (고객 서비스는 공평함 보다 금액에 맞추어 차별화해야만 하나?) 모든 고객을 공평하게 대우해야 하나? (구입 금액이 다르더라도 고객에게 동일한 서비스를 제공해야만 하나?) 이 두 가지에 대한 판단이 과제로 주어졌다.

구체적으로 향후 일정 금액(연간 구입액 ○○만 원 이상의 최저금액기준)을 설정해 그 금액을 초과한 사람들에게는 특별한 서비스를 일률적으로 제공하는 컨셉을 보여주었을 때의 고객의 대답은 아래와 같았다.

특히 최근 1년 동안의 구입금액이 많은 고객은 "그렇죠. 당연히 많이 산 사람은 그에 맞게 대우를 해도 좋다고 생각해요"라고 말한다. 최근 1년 동안은 많이 사지 않았지만, 10년 동안 꾸준히 구입해온 장기고객도 "그렇죠. 그에 맞게 대우하는 것이 당연하다고 봅니다"라고 말했다. 둘 다 반응에 차이가 없다. 그래서 컨셉을 받아들인 것으로 판단했다. 그러나 이 질문 이후에 장기고객이 내 눈을 뚫어지게 응시했다. 무언가 하고 싶은 말이 있는 모양이다.

콕 집어 물어 보니 "그런데 그 설정금액을 초과한 분은 다들 동일한 대우를 받나요"라며 되레 질문을 해 온다. 한눈에 봐도 화가 난 표정으로 어조는 격앙되어 있지 않았지만 그 정중한 말투에 오히려 강한 분노의 감정이 내포되어 있었다.

그녀는 어떤 해에는 많이 구입하고 또 어떤 해에는 거의 구입을 안 하긴 했지만 그래도 10년지기 장기고객이다. 그런 자신과 어쩌다 보니 최근 1년 사이에 상당한 금액(해당 년도의 본인의 구입 금액보다 많은 금액)을 구입해 상위고객이 된 햇병아리 고객이 같은 취급을 받는 것이 이해가 가지 않는다는 어조였다.

말투에는 확연하게 '장기고객을 좀 더 소중히 대하길 바란다'는 분개와 간절한 희망이 포함되어 있었다.

같은 대답으로 생각되는 말도 실은 안을 들여다 보면 정반대의 내용을 말하고 있는 경우도 있기 때문에 주의할 필요가 있다. 이 때문에 상대의 어조와 표정을 놓쳐서는 안된다.

보디 랭귀지를 읽어 내기 위한 세가지 포인트

보디 랭귀지를 읽어 상대가 한 발언의 의미를 파악하는 경우가 있다. 인터뷰를 진행하는데 있어 놓쳐서는 안되는 것이 다음에 설명할 세가지 포인트다.

[포인트 1] 눈짓과 시선

사람은 발언 말미에 시선을 던져 '다음 분 말씀하세요'(발언권 이동)라는 신호를 보내는 경우가 많다. 시선 교환을 통해 대화의 순서를 조율한다고도 할 수 있다.

수많은 청중 앞에서 연설을 하기 위한 트레이닝 코스에는 청중에게 골고루 시선을 보내는 눈맞춤 훈련도 포함되어 있는데, 인터뷰어도 조사 대상자가 여러 명인 경우 눈을 맞춰가며 진행한다. 반대로 너무 많이 말하는 사람에게는 발언을 자제해 달라는 의미로 시선을 멀리하는 경우도 있다.

나 또한 때에 따라 이를 이용한다. 너무 발언을 많이 해 다른 대상자의 발언을 방해한다면 '다른 분들의 말씀을 들어보죠'라는 느낌으로 살며시 발언자에게서 눈을 떼는 것 만으로도 신호가 전달된다. 이와 동시에 다른 대상자에게도 좀 더 말해 주길 바란다는 생각이 전달된다. 말로 하는 것 보다 잘 전달되는 경우도 있다.

이 밖에 [도표 2-4] 처럼 눈짓을 보고 상대의 상태를 탐색하는 일도 가능하다.

도표 2-4. 눈짓 · 시선으로 알 수 있는 것

눈짓 · 시선	심리 상태
눈의 움직임이 분주하다	이야기에 관심이 없다
인터뷰어에게 시선을 준다	발언 기회를 달라는 사인
한 참가자가 본인의 의견을 얘기하고 있을 때, 다른 조사 대상자가 그 사람 쪽을 계속 보려 하지 않는다	얘기하고 있는 사람의 의견에 동의하지 않는다는 표현
본인이 이야기하고 있을 때, 다른 참가자 쪽을 휙 둘러본다	본인의 의견에 동의를 구하는 표현

[도표 2-4]와 같은 시선을 눈치챘다면 그에 대해 일일이 반응할 필요는 없지만, 너무 극단적인 경우에는 인터뷰어가 반응을 보여주는 것이 좋다.

예를 들어 본인이 말하고 있는 내용에 대해 끊임없이 다른 사람의 동의를 구하는 유형의 조사 대상자가 있다면 “여러분 각자 느낌이나 생각이 다르니 본인의 생각을 말씀해 주시면 됩니다. 이 자리는 하나의 결론을 도출하기 위한 자리가 아닙니다”와 같은 발언을 적절한 타이밍에 하면 다른 대상자들이 말하기 쉬워진다.

[포인트 2] 손짓

『보디 랭귀지를 통한 커뮤니케이션』(다이호 이쿠오大坊 郁夫 저, 사이언스 사サイエンス社, 1992년)에 따르면 사람은 거짓 발언을 할 때 남자의 경우에는 자신의 머리나 옷을 만지거나 시선의 움직임이 많아지며, 여자는 발언의 횟수나 양이 많아진다는 실험 결과가 있다고 한다. 인간이 컨트롤 할 수 있는 발언과 표정 등도 물론 중요하지만, 손의 움직임도 거짓을 알아채는 유효한 단서가 된다. 눈짓은 말할 것도 없고 손짓 또한 거짓을 말 할 때 솔직히 반응한다 할 수 있다.

특히 앞뒤 발언에 모순이 느껴질 때에는 "솔직하게 말씀해 주시면 됩니다"라고 말을 걸어 반응을 살피거나 또는 단도직입적으로 "○○씨는 아까는 그다지 호의적이라는 느낌을 못 받았는데……"라고 물어보는 경우도 있다. 어느 경우가 됐든 범인을 쫓는 형사가 아니기 때문에 거짓 적발이 목적이 될 수는 없다.

발언의 진위를 따지는 것 보다 왜 발언에 모순이 있는지 그 행동의 배경을 탐색하는 일이 가장 중요하다. 그렇게 할 때 비로소 조사대상자의 진의가 보이게 된다.

[포인트 3] 몸짓과 몸의 방향

기지개를 펴거나 혹은 의자를 앞뒤로 흔들거나 뒤로 빼 앉는 등 노골적이지는 않지만 무심코 몸의 위치를 테이블 중앙에서 떨어트리는 행동은 참석자의 집중력이 떨어진 상태 또는 말할 기분이 아니거나 관심이 없을 때 나타난다.

그럴 때에는 그 사람에게 발언권을 주어 말하도록 하거나 인터뷰 종료가 임박한 때라면 "이제 얼마 남지 않았어요. 괜찮으세요?"라고 말을 건넨다.

대다수의 참석자가 그런 상태에 빠지는 일은 거의 없는데, 3시간에 달하는 장시간 인터뷰일 경우에는 필요에 따라 휴식 시간을 주어 몸을 움직이도록 하거나 음료를 다른 것으로 바꿔주어 기분을 전환하도록 한다.

제3장

인터뷰어가 지켜야 할 세가지 원칙

리얼리티를 확인·발견한다
- 사실 인식은 사람에 따라 다르다

영화 『라쇼몽(羅生門)』에 묘사된 세가지 리얼리티

『라쇼몽』이라는 구로사와 아키라 감독의 영화가 있다(칼럼 참조). 이 영화는 사실 인식(리얼리티)을 이해하는데 가장 도움이 되는 작품이다. 영화 도입부에 라쇼몽(나생문) 앞에서 비를 피하는 나무꾼은 "모르겠어. 당최 뭐가 뭔지 모르겠어"라고 중얼거린다. 나무꾼의 혼잣말은 도적인 타조마루와 무사인 타케히로 그리고 타케히로의 아내인 마사코 이 세 사람 사이에서 발생한 사건에 대한 당혹함을 나타내고 있다. 무사가 죽은 이유와 그를 살해한 사람, 그리고 세 사람 사이에서 있었던 일에 대한 세명의 증언 내용이 각자의 입장에서 진술되어 완전히 달랐기 때문이다.

이 영화를 마지막까지 다 본 관객은 리얼리티란 무엇인지에 대해 깊게 고민하게 될 것이다. 어쩌면 인터뷰 대상자는 인터뷰어인 당신의 인식과 전혀 다른 인식을 갖고 있을 수도 있다. 이 점을 머리 속에 항상 염두에 두고 본인의 선입견에 얽매이지 않도록 할 필요가 있다.

칼럼

구로사와 아키라 감독의 『라쇼몽』에서 보이는 인간의 사실 인식

헤이안 시대 폭우가 쏟아지는 어느 날 폐허가 된 라쇼몽 밑에 승려와 나무꾼이 멍하니 앉아 있다. 그러던 중 한 하인이 비를 피해 라쇼몽 밑으로 들어오고 승려와 나무꾼은 덤불 속에서 발생한 살인 사건의 재판에 증인으로 참석했을 때의 이야기를 시작한다.

무사인 타케히로와 그의 아내 마사코가 여행 도중 타조마루라는 도적의 습격을 당해 타케히로가 살해당한 사건이었다. 마사코의 미모에 반한 타조마루가 타케히로를 감언이설로 꼬셔 덤불 속으로 끌어들인 뒤, 밧줄로 묶은 후 타케히로의 눈 앞에서 그의 아내를 겁탈했다.

아내의 증언, 타조마루의 증언 그리고 무사인 타케히로의 혼이 빙의 된 무녀의 증언이 제각각 달랐다. 이 때 나무꾼이 실은 자기가 몰래 훔쳐보고 있었다며 목격한 내용을 이야기 하지만 나무꾼이 봤다는 사실조차 나무꾼 자신에 의해 가공된 이야기였다.

아내는 "겁탈당한 나를 남편이 싸늘한 눈빛으로 쳐다봐서...... 남편과 함께 있을 수 없어 남편의 가슴을 찔렀다"고 증언한다. 무사는 "도적과 함께 하기로 한 아내가 나를 죽이도록 도적에게 부탁했다. 그런데 아내는 도망을 치고 도적도 내 밧줄을 풀어주고는 사라졌다. 나는 떨어져 있던 아내의 단도로 내 가슴을 찔렀다"고 말한다. 도적은 "무사의 아내가 '두 명의 남자에게 몹쓸 꼴을 보여 견딜 수가 없다. 둘이 결투해서 이긴 사람을 따라가겠다'고 말하기에 내가 무사를 베었다"고 말한다. 각자의 입장에 유리하게 각색된 이야기를 나무꾼으로부터 전해 들은 하인은 "진실을 이야기하지 않는 것이 인간이지. 인간은 자기 자신에게 조차 솔직히 말하지 못하는 일도 많다"라고 말한다. 이에 덧붙이듯 승려도 "인간은 약한 존재이기 때문에 자기 자신에게도 거짓을 말한다네"라고 얘기한다.

인간은 이미 발생한 사건을 이후에 본인이 해석한대로 기억한다. 그렇게 함으로써 사실은 사람의 마음 속에서 재구축된다. 이 영화의 주제는 누가 무사를 죽였는지에 대한 이야기가 아니다. 세 명이 산 속에서 만나 무언가 일이 발생해 무사가 살해당하게 되는데, 그 경위를 이 세 명이 어떻게 받아들였는지를 보여줌으로써 감독인 구로사와 아키라는 현실이란 무엇인가라는 점을 다시금 묻고 있는 것이다.

자료: 영화『라쇼몽』과 http://www.infonet.co.jp(2002년 6월 기준)을 참고해 작성함

사람은 외부로부터 수많은 자극을 받아들인다. 본인의 관심사에 맞춰 필터링 된 내용만이 인지된다. 이 자극의 의미를 읽어내 해독한다. 동일한 자극일지라도 어떻게 받아 들이는지 즉, 인지하는 사람의 의식과 상태에 따라 리얼리티가 달라진다.

간단한 사례를 들어보자. 평소 아무렇지 않게 씩씩하게 지하철 역 계단을 올라 출근을 하던 당신이 어느 날 발을 다치게 되자 역의 계단, 엘리베이터, 도로의 횡단보도 등을 포함해 당신 주변의 모든 세상이 달라 보였던 경험이 없는가?

세상과 자기 자신의 관계가 완전히 달라졌을 때, 어제까지의 리얼리티와는 다른 리얼리티를 갖게 된다. 리얼리티는 한 개만 존재하는 것이 아니라 인지하는 사람의 상황에 따라 변하게 된다.

[사례] 방 주인은 어떤 사람인가?

한 실험의 예를 들어보자.

물건들이 아무렇게 늘어져 있는 방에 세 명의 피험자들을 들어가게 한다. 1분이 지나면 나오게 한다. 그 방의 주인이 어떤 사람인지는 알려주지 않는다. 무엇을 보고 나오면 되는지도 지시하지 않는다. 단지 1분이 지나면 나오라고 알려준다. 그 후 그 방의 주인이 어떤 사람일 것 같은지 세 명의 피험자에게 물어본다. 해당 피험자가 무엇을 보고 어떻게 방의 주인을 추측하는지를 통해 피험자 자신의 인지 세계를 들여다 본다.

피험자A 씨는 책장의 책을 기억하고 있으며 생명과학 책이 있었기 때문에 과학자일 것이라고 추측했다. 피험자B 씨는 방의 색깔과 인테리어를 보고 디자이너라고 추측했다. 피험자C 씨는 방에 있던 의류 브랜드를 보고 아웃도어 활동이 취미인 사람이라고 추측했다. 종합하면 그 방의 주인은 아웃도어 활동을 좋아하고 인테리어 취향이 확고하며 최첨단 연구소에서 근무하는 회사원이다. 이는 즉, 세 명의 피험자가 방을 둘러보았을 때 인지하는 방식(현상을 받아들이는 방식)이 달랐음을 나타내고 있다.

같은 제품, 같은 가게, 같은 시장을 봤다고 하더라도 사람에 따라 받아들이는 방식이 다르기 때문에 마케팅, 리서치 업무 종사자는 이 점을 확인해야 한다.

제 1장에서 소개한 선호하는 명품 매장에서 비가 오는 날에 쓸 수 없는 우산을 산 남성에게 그 우산은 우산이 아니었다. 좋아하는 브랜드의 컬렉션 아이템을 소유한다는 사실 자체가 중요했다. 매장 직원이 따로 챙겨 둔 특별한 우산을 소유하는 일이 그에게는 중요한 일이었으며, 마치 벽에 걸어 놓은 그림처럼 때때로 바라보며 감상하고 싶었을 것이다. 이것이 그 사람의 리얼리티다. 그 남성의 리얼리티는 하나의 브랜드에 강렬하게 꽂혀 수집하는 행위에 있었던 것이다.

멀티플 리얼리티: 사회적 역할에 따라 사람은 변한다

리얼리티는 사람에 따라 하나가 아닌 여러 개가 존재한다. 사람은 여러 개의 사회적 역할을 맡고 있다. 부모이자 자식이고 상사이자 부하 직원이며 누군가의 형제 자매이고 취미 동아리의 리더 등 사회적 역할에 맞춰 가치 체계와 리얼리티가 변화한다.

부모로서 '본인의 자녀(유아)에게 최대한 텔레비전을 보여주지 않고 그 보다는 함께 밖으로 나가 놀기를' 희망하지만, 본인의 자유 시간을 만들기 위해 '어느 정도는 텔레비전을 보게 해서 나도 자유 시간을 갖고 싶다'고 생각할 것이다.

이처럼 사람의 의식이란 복잡하고 다양한 면모를 지니고 있다는 사실을 이해한 다음 인터뷰를 진행하는 것이 바람직하다. 지금 상대가 어떤 사회적 역할에서 발언하고 있는지를 간파해야 한다. 그에 따라 리얼리티가 달라지기 때문이다.

나는 40~50대의 한창 일할 나이의 남성을 인터뷰 할 때 어려움을 느낀다. 그들을 인터뷰 하면 대상 제품이 개인용 제품이라 할지라도 "이건 누굴 대상으로 팔려는 건가요?", "이래선 회사에 돈이 안될 텐데요" 등 생활자 시점이 아닌 기업인 시점에서 이야기를 한다. 평소 회사에서 일을 하는 남성의 입장에서 이는 당연한 일이고 행동일 것이다. 그러나 실제 상품을 구입하는 단계에서는 소비자 시점에서 구입하고 있을 터인데, 회사원 남성들로 구성된 포커스 그룹 인터뷰에서는 한 개인으로서 가지고 있을 리얼리티를 망각하고 비평가로 변신하고 만다. 이럴 경우에는 다음과 같이 말한다.

"오늘은 회사의 ○○부장이 아니라 소비자 중 한 명인 ○○ 씨 입장에서 이야기해 주세요"

리얼리티란 세상과 사물을 받아들이는 방식이며 그 사람의 가치관의 총체라 해도 과언이 아니다. 삶의 방식이나 가치를 두는 물건, 사람과 교류하는 방식, 구매행태 등 모든 것을 포함한다. 리얼리티를 파악한다면 가치관도 이해할 수 있게 되고, 그를 통해 상품에 대한 기대감, 니즈도 파악할 수 있다.

그렇다면 리얼리티를 확인하기 위해 어떤 태도로 인터뷰에 임하면 좋을까? 다음 장에 인터뷰어가 지켜야 할 세가지 원칙에 대해 소개하겠다.

원칙1.
의도적으로 백지 상태를 만든 후 시작하라
- 가설에 얽매이지 않고 다양하게 질문한다

선입견의 함정에 빠지지 말자

마케팅 리서치는 우선 가설을 세우고 조사한 다음 조사 결과를 검증하는 사이클로 진행된다. 즉, '○○한 이유 때문에 아마도 이번 조사는 이런 결과가 나오지 않을까?'라는 예측을 한다.

예를 들어 네이밍에 대한 아이디어를 여러 개 제시할 경우 아마도 이 안을 호의적으로 받아 들일 거란 식으로 결과를 예측한다. 또는 신상품을 개발한 경우라면 '상품화한 제품을 실제 사용하는 사람은 아마도 이런 사람이지 않을까?'라고 예측한다. 이것들이 가설에 해당한다. 질문 사항을 설정할 때에는 어느 정도 가설에 기반해 질문을 구성한다.

하지만 인터뷰 실시 전에 세운 가설에 너무 집착해서는 안된다. 인터뷰를 진행할 때는 일단 머릿속을 백지 상태로 되돌려야 한다. 그렇지 않으면 가설과 관계없는 흥미로운 내용을 발견하더라도 놓쳐버리고 말기 때문이다. 신제품 음료 개발에 관한 힌트를 탐색하기 위한 인터뷰를 사례로 들어보자.

[사례] 건강에 신경 쓰고 계십니까?

새로운 음료수에 대한 아이디어를 글로 설명한 보기 카드를 여러 개 제시하고 이 중 어느 아이디어가 가능성이 있어 보이는지 검토하는 것이 조사 목적이다. 40대 인터뷰어와 프로젝트 팀 멤버는 '타깃 유저(20대 대학생~ 30대 비즈니스 퍼슨)는 불경기 때문에 지쳐 있어 기분전환이 가능한 음료수를 바라지 않을까? 또한 그와 동시에 조금이라도 몸에 좋은 음료를 바라고 있다'는 가설을 기반으로 복수의 음료 컨셉을 고안했다.

그런데 가설에 너무 집착한 나머지 처음부터 '평소 당신은 건강에 신경을 쓰기 위해 어떤 음료를 마시고 있나요?'라고 묻는다면 범위를 너무 한정 지어버리는 꼴이 된다. 요즘에는 건강이라는 단어로 정의할 수 없는 만큼 웰빙 의식이 널리 확산되었기 때문이다. 그래서 보다 상품에 적합한 질문이 가능하도록 아침, 점심, 저녁으로 나누어 시판되고 있는 음료를 마시는 상황별로 무엇을 마시며, 무슨 이유로 그 때 그 음료를 마시고 싶어지는지를 물어 봄으로써 의식을 탐색했다. 이 때 어떤 웰빙 의식이 작용하는지 확인할 수 있어야 한다.

상황 별로 세부적으로 나누어 보자 다양한 웰빙 의식이 선명히 드러났다. 예를 들어 밤에 잠자리에 들기 전에 마시는 음료는 '밤에 잠자는 동안 노폐물을 배출한다는 생각으로 마시고 있다'는 사람도 있었고, 저녁에 일 할 때 마시는 음료는 '피로를 풀어 조금 더 힘을 낼 수 있는 음료를 마신다'는 사람도 있었다. 또한 아무래도 요즘 들어 쉽게 피곤해지는 경향이 있어 '영양보조제처럼 부족한 성분을 보충하기 위해 마시는' 경우도 있었다.

20대 젊은 대상자의 경우에는 평상시 매우 건강하기 때문에 컨디션이 좋지 않다는 점을 불규칙한 생활(수면부족, 연이은 야근, 과도한 음주 등)을 했을 때 실감하고 있었고, 건강은 쉽게 되찾을 수 있는 것으로 인식하고 있다는 사실을 알 수 있었다. 이 때문에 불규칙한 생활을 했을 때 컨디션을 회복 시켜주고 몸에 나쁜 성분이 들어 있지 않다고 강조한다면 구입하기 쉬워진다. 참고로 효과와 관련된 성분을 너무 강조하면 특수한 음료수라는 이미지를 갖게 되어 꺼리게 된다는 사실도 알 수 있었다.

반면 30대는 후반으로 갈수록 건강진단 결과 고혈압이나 고지혈증, 생활습관병에 대한 경고를 듣고 본인의 건강에 상당히 문제가 있음을 자각하고 있었다. 이 경우에는 건강해 지려고 하기보다는 더 이상 악화되지 않도록 하려는 의식이 강하다. 참고로 건강관련 텔레비전 방송에서 얻은 지식도 많아 설명이 불분명한 성분은 구입에 큰 영향을 주지 못하는데다 신뢰감도 주지 못한다.

이처럼 연령에 따라 건강에 대한 기대와 일반 음료에 대한 기대가 미묘하게 어긋나 있는 사실을 알게 되어 컨셉 선택 결과에 입각해 상품 아이디어를 추가로 개선하게 됐다.

가설의 주변부터 파고 든다

어디까지나 본인의 상상의 범위 안에서 생각해 가설을 세우는 것이 중요하다. 하지만 일단 가설이 설정되면 그 이후에는 그 가설에만 얽매이지 말고 어떤 의견이든 널리 '듣는 자세'를 갖추는 것이 더욱 중요하다. 실제 인터뷰에서는 시간 제약도 있기 때문에 일반 정보를 자기도 모르게 생략하고 묻고자 하는 내용 즉, 사전에 준비한 가설에 집중해 이야기를 이끌어 가려는 사람이 많다.

그러나 인터뷰 대상자에게 지나치게 가설에 얽매인 질문만을 계속하면 그 외의 내용은 말하지 않게 된다. 이런 반응은 바람직하지 않다. 그렇기 때문에 가설의 주변부터 조금씩 파고 들며 인터뷰를 진행하는 것도 중요한 포인트다.

인터뷰에 익숙하지 않은 사람은 가설에 너무 집착하여 그 가설을 뒤집는 의견이 대세가 되면 그에 불만을 품고 억지로 대답을 왜곡해 해석하려는 경향을 곧잘 보인다.

가설을 설정하되 너무 얽매이지 않는다. 이는 간단한 듯하면서도 실은 어려운 일이다.

원칙2.
먼저 수용하는 태도를 보여준다
- 상대를 부정 하지도 비판 하지도 않고 대답을 이끌어 낸다

대상자를 이야기의 장으로 불러들이는 것의 중요성

먼저 상대를 받아들이는 일이야 말로 인터뷰어의 자질 중 가장 중요한 부분이 아닐까?

어떤 이야기를 듣는 사람의 입장에서 한 번은 수긍한 다음 생각을 해야 한다. 조사 대상자들은 어떤 질문을 받을지 몰라 겁을 먹고 있을 수도 있으며, 아는 사람에게 부탁을 받아 오긴 했지만 실은 어쩔 수 없이 온 경우도 있다.

인터뷰를 시작하기 전에 일단은 "실내 온도는 적당한가요? 덥지 않으세요? 춥지는 않나요?"라고 물어 지금 있는 장소가 쾌적한 환경인지 아닌지 확인한다. 그리고 "음료 좀 드시겠어요?"라고 물어 목 상태를 확인해 상대가 일단 본인의 기분이 우선시 되고 있는 환경이라는 점을 파악할 수 있도록 한다.

인터뷰 장소 또한 지나치게 사람들이 많이 드나드는 회사의 한 쪽에 있는 간이 회의실이 아니라 제대로 된 회의실로 잡도록 하자. 피치 못하게 커피숍 등을 이용해 인터뷰를 해야하는 상황일 때는 조용하여 차분하게 이야기 할 수 있는 곳을 선택하는 등 장소 셋팅에도 신경을 써야 한다. 이는 영업직 직원이 고객과 이야기를 나누는 장소를 선정할 때와 동일하다.

대상자가 던진 볼은 그대로 받아준다

수용하는 태도로 상대를 대하는 것이 중요한데, 이는 말보다는 먼저 보디 랭귀지로 상대에게 전달되는 경우가 많다.

고개를 끄덕거리고, 눈을 맞추고 상대방을 향해 틀어 앉는 것과 같은 몸의 움직임은 상대에게 '받아줄 자세가 되어있다'는 사인을 보내는 것과 진배없다. 이와 더불어 대상자는 자신의 발언을 메모하는 모습을 예상 이상으로 기분 좋게 생각한다. 상대는 '받아들이는 자세가 완벽히 준비됐다'는 사인을 갈구한다.

인터뷰어는 대상자의 발언을 받아들여 던지는 한마디 한마디를 통해 무엇을 얘기해도 괜찮다는 인상을 어필해야만 한다.

설령 상대가 논점에 맞지 않는 대답을 할지라도 "그런게 아니고요, 그러니까 ○○에 대해 어떻게 생각하시나요?"라는 말을 해서는 안된다. 상대의 대답을 부정하는 단어를 내뱉은 순간 상대는 거부당했다고 느끼게 된다. 그렇게 상대의 발언을 부정하는 화법이 아니라

"그러세요? 지금 말씀은 이런 뜻이군요"라고 인터뷰어가 이해한 내용을 확인한 다음 "지금 하신 발언에 추가해서 다른 의견 없으신가요?"라며 발언을 유도할 필요가 있다.

상대가 던진 공은 일단 그대로 받아 준 다음 상대가 발언을 보충하고 발언 내용에 대해 생각한 다음 다시 공을 던지게 하는 식으로 공을 주고 받는다. 이런 캐치볼과 같은 진행방법이야 말로 상대의 의견을 받아들이는 일이기도 하다. 상대에게 이쪽이 바라는 대답을 강요하는 행위는 가장 피해야할 자세이다.

공격적이지 않은 질문 방법

동시에 상대를 비판하지 않고 질문을 던지는 기술도 필요하다. 예를 들어 아래 사례와 같이 상대를 취조하는 듯한 공격적인 인상을 주지 않으면서도 핵심에 다가서는 질문을 던지는 것이 중요하다.

[질문 1] 특정 제품을 선택하지 않은 이유를 파악해내는 방법

✕ "어째서 그 제품을 사지 않았나요?" (취조하는 듯한 말투)

◎ "그 제품을 살지 말지 고민할 때 구입에 방해가 되는 요소로는 무엇이 있었나요?"

◎ "어떤 계기가 있었다면 그 때 사려고 마음을 먹었을까요?"

◎ "그 당시 이 제품에 무언가 중요한 결함이 있어서 구입하지 않은 건가요?"

[질문 2] 항상 같은 제품을 선택하는 이유를 파악해내는 방법

☒ "어째서 여러 다른 제품이 많은데 이것만 선택하는 건가요?" (취조하는 듯한 말투)

◎ "그 제품의 매력을 ○○ 씨가 다른 사람에게 설명한다면 어떻게 설명하시겠어요? 어떤 점이 ○○ 씨에게 가장 중요한 특징인가요?"

◎ "○○ 씨가 생각하는 '그 제품에는 있는데 다른 제품에는 없는' 특이한 특징은 무엇인가요?"

[질문 3] 일부 대상자만이 주로 발언 할 경우

☒ "(그룹 인터뷰에서) 일부 특정한 분만 계속 말씀하고 계시는데, 여러분 한 분 한 분 모두 같은 양의 발언을 할 수 있도록 부탁드립니다" (명령하는 듯한 말투)

◎ "잠시 한 분의 발언을 많이 들었는데요, 다른 분들은 어떻게 생각하시나요?"

원칙3.
끝까지 '개인적인 의견'을 추궁한다
- 평소 미처 생각하지 못했던 사항을 이야기하도록 한다

일반적인 의견이 아닌 "본인의 개인적인 의견입니까?"

사람은 웬만해서는 '자신'의 의견을 말하기를 어려워한다. 10대나 20대의 젊은 사람들은 아직 본인의 의견이 확고히 형성되지 않았거나 다양한 의견을 교환하며 토론할 기회가 적은 탓인지 개인의 의견을 요구 받으면 당황하고 만다.

"성진 씨는 어떻게 생각하나요?"라고 물으면 "제 개인적인 의견이요?"라며 놀란 눈으로 되물어 보는 경우가 있다. 그런 태도에 오히려 내가 놀라곤 한다. "당연하죠!"라고 말하고 싶은 마음을 꾹 참고 "네, 그래요"라고 대답한다. 자신의 의견·소감을 이야기하는 자리라는 점을 새까맣게 잊어버리고 있는 사람조차 있다.

그래서 인터뷰 중에는 "이 인터뷰는 각각의 질문에 정답도 오답도 없습니다. 그러니 여러분은 어떤 이야기라도 다 해주시길 바랍니다. 저는 여러분의 개인적인 느낌이나 의견을 듣고 싶습니다"라는 취지의 말을 여러 번 조사 대상자들에게 전달한다.

이렇게 하지 않으면 도대체 누구의 의견, 소감을 듣고 있는 것인지 알 수 없다. 이 때문에 젊은 층을 대상으로 할 때는 나도 일부러 "성진 씨 개인적인 생각은 어때요?"라고 묻는 경우도 있다. 인터뷰 시에는 조사 대상자의 이름을 부른다. 그렇게 함으로써 자신에게 주어진 질문이라는 사실을 의식하게 만든다. "여러분의 생각은 어떤가요?"라고 묻는 것 보다 "성진 씨 는 어떤가요?"라고 묻는 것이 더욱 효과적이다.

'미인 투표'의 함정에 빠져서는 의미가 없다

사람은 '다들 그렇게 말한다, 다들 그렇게 생각하고 있겠지'라고 생각하는 사안에 대해 자신의 의견이라고 생각하려는 경향이 많지 않은가?

히메노 카오루코(姫野カオルコ)의 『성형 미인』(신쵸분코, 新潮文庫)이라는 소설은 '미인에 대해 서로 다른 정의'를 가진 두 명의 여성이 성형 수술을 통해 얼굴을 바꾼다는 내용이다. 한 명은 이른바 '완벽한 미인형 얼굴'로 또 다른 한 명은 '인기 있는 미인형 얼굴'로 수술을 했다.

책 뒷부분에 실린 서평을 쓴 평론가 가시마 시게루(鹿島茂)씨는 이 소설의 흥미로운 점을 케인즈의 이론을 들어 설명한다. '고용 이자 및 화폐의 일반 이론'에서 경제학자 케인즈는 고도로 발달된 자본주의 사회에서의 투기가 당시 영국에서 유행했던 '미인 투표'와 닮아 있다고 지적했다. 1930년경 영국의 대중지에서는 판매부수를 확대하기 위한 이벤트로 미인 대회를 개최했다. 이 대회는 편집부가 선정한 여성 100명의 사진을 게재하고 그 중에서 상위 6위까지의 미인을 맞춘 사람에게는 고액의 상금을 지급한다. 단순하게 생각한 사람은 자기가 가장 예쁘다고 생각하는 사람을 선택해서 투표한다. 그러나 조금 더 복잡하게 생각한 사람은 상금을 확보하기 위해 상위 순위에 들 것 같은 사람에게 투표한다. 즉, 본인이 생각하는 미의 기준으로 미인을 선택하는 것이 아니라 '최대다수의 대중이 생각하는 미인'을 선택한다는 뜻이다. 결국 이 추론을 거듭한 결과 투표자들은 스스로 미인이라 생각하지 않은 사람에게 투표하게 된다. 그리하여 전혀 예상도 하지 못했던 번호의 미인이 그랑프리에 오르는 결과가 나왔다. 케인즈는 고도자본주의 사회에서의 주식투자나 증권투자도 이와 마찬가지로 본래의 장기적인 투자행동과는 동떨어진 투기적인 행동(도박)으로 치닫게 될 가능성이 있다는 점을 수십년 전에 예측했다.

『성형 미인』에 등장하는 여주인공 가이코(甲斐子)는 절세미인으로 어느 한 곳 성형을 할 필요가 없는 미인이지만 일상적인 남녀 교제에 해당하는 '일상적 미인 투표'에서 자신에게 기회가 적다는 사실을 깨닫게 된다. 그리하여 인기를 끌 수 있는 미인이 돼야겠다고 결심해

성형을 한다. 이는 최대다수의 대중이 인정하는 미인이 된다는 말이다. 성형외과 의사인 오오조네(大曽根)는 이 부분이 전혀 이해되지 않았다. 성형외과 의사로서 납득할 수 없었다. 하지만 대중적인 미인이라는 정의 하에 수술을 한 가이코는 그것으로 인생을 본인 생각대로 변화시켜 나간다.

인터뷰에서 위와 같은 의식 또는 동일한 현상이 일어난다면 인터뷰를 할 의미가 사라지고 만다. '최대다수의 대중'이나 '자기 이외의 다른 사람들'이 아니라 그 누구도 아닌 '당신은 어떻게 생각하는가?'라는 점으로 한정 지어 생각하도록 만드는 일이 중요하다. 그럼에도 이렇게 만드는 것이 호락호락하지 않다.

왜냐하면 소비 행동의 경우 어느 정도 유행을 좇는 경향이 있어 이런 의미에서 볼 때 반드시 타인의 눈을 의식한다 할 수 있으므로 투기 행동과 닮은 부분이 있기 때문이다.

다들 사니까 나도 산다?

종종 점유율 수위를 차지하며 모두가 인정하는 브랜드 제품(예를 들어 자동차나 패션)의 경우에는 왜 해당 제품이 좋으냐고 물어도 명확한 대답을 하지 못하는 사람이 적지 않아 놀라곤 한다. 매출이 적으며 상대적으로 덜 유명한 브랜드의 구입자가 오히려 흡족해 하며 "좋은 질문해 주셨어요!"라며 정열적으로 자세하게 구입에 이르게 된 이유를 이야기하는 경우가 많다.

굉장한 인기를 끌고 있는 톱 브랜드의 경우 어째서 좋아하는지를 물으면 나름의 이유가 있는 사람과 그렇지 않은 사람으로 갈린다. 보다 개인적인 체험담으로서 해당 브랜드와 처음 만났을 당시의 이야기나 그 브랜드를 소유함으로써 변화된 점 등 개인적인 브랜드 체험에 관한 이야기를 들려주면 충분한데, 결국 알고 보면 모두가 갖고 있기 때문에 사게 된 사람이 상당히 많다.

혁신 수용자(innovator)와 초기 소수 수용자(early adopter)에게 묻는 것이 효과적

유행이라는 것은 트랜드에 민감한 사람이 제일 먼저 정보를 수용하여 유행을 만들고 이에 많은 사람들이 동조하는 구조를 보인다. [도표 3-1]은 한 상품의 아이디어가 널리 퍼져 나갈 경우의 보급곡선을 나타낸 것이다.

도표 3-1. 보급곡선과 수용자 카테고리 모델

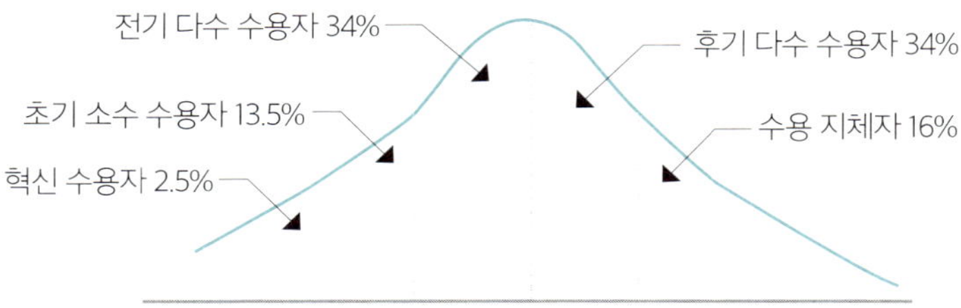

*(E.M.Rogers, 1980년)
『《보급학》강의-혁신시대의 최신과학』(우노 요시야스, 유히카쿠센쇼)에서 발췌

혁신 수용자로 불리는 초기 도입자(innovator)는 전체의 2.5%. 초기 소수 수용자(early adopter)는 13.5%. 이 둘은 다른 사람이 어떻게 생각할까 보다 자신의 감성과 관심에 기반해 선택한다.

하지만 다수(majority, 전기 다수 수용자 34%, 후기 다수 수용자 34%)에 속하는 사람들의 실상을 들여다 보면 이미 온 세상에서 유행 중이어서 구입한 경우가 많다. 유행을 앞서 나가는 혁신 수용자는 본인 스스로 브랜드를 발견하고 브랜드에 대해 이해한 다음 본인 주변에서 유행하지 않는지 확인 한 후 비로소 본인이 먼저 그 브랜드의 제품을 구입한다.

이렇게 생각해보면 다수의 사람들이 "어째서 그 상품을 골랐나요?"라고 물어도 대답하지 못하는 것은 당연하다는 생각이 든다. 이러한 현상을 염두에 두고 인터뷰어가 조사 대상자 '본인'의 의견을 어떻게 해야 끌어낼 수 있을지 생각해 보자.

첫 번째로는 조사 대상자가 혁신 수용자나 초기 소수 수용자인지 아니면 다수에 속하는 지를 파악할 수 있는 상황을 연출해야 한다. 가급적 혁신 수용자나 초기 소수 수용자에게 묻도록 하자. 어떤 사람은 패션 분야의 혁신 수용자일지라도 IT관련 분야에서는 다수에 속할 수도 있다. 이 때문에 각 주제에 따라 혁신 수용자의 요건은 다르다.

여기서는 패션 분야와 관련된 사례를 들어 설명하겠다. 혁신 수용자에 해당하는 사람은 아래와 같은 속성을 갖는다.

- 잡지나 텔레비전과 같은 매체를 접하는 빈도가 높은 사람(즉, 잡지를 자주 구입하는 사람, 텔레비전 광고를 보는 사람)
- 잡지 종류도 패션과 트랜드를 다루는 잡지를 보는 사람(제품의 카탈로그 같은 잡지는 해당 안됨)
- 본인의 패션을 위해 지출할 수 있는 가처분소득이 높은 사람(부모와 동거 중, 자녀 없음, 부모가 부유층, 본인이 고수입자, 세대소득이 높음 등)
- 변화를 두려워 하지 않는 사람
- 개인적인 네트워크, 인맥이 넓은 사람
- 항상 패션과 관련해 새로운 유행을 받아들이길 좋아하는(유행도입파) 사람

그 때 그 때의 주제에 따라 고감도의 인터뷰 대상자를 규정하는 일은 매우 중요하다.

'이거라면 안심'의 의미는?

명품 브랜드에 대한 인터뷰에서 한 인기 명품 브랜드의 가죽 제품을 선택한 이유를 소비자에게 물었다. 이 소비자는 갖고 있는 가방의 브랜드가 제한적이고 수량도 적은데다 구독하고 있는 잡지 종류로 봤을 때 다수 수용자 집단에 속했다. 모두가 입을 모아 말한 것과 같

이 '실용적이고 내구성이 좋다. 오래 쓸 수 있다. 무슨 옷에든 어울린다. 다들 들고 다니니까'라는 이유를 들었다. 이는 분명 제품 선택의 이유이긴 하지만 그렇다면 "그 브랜드가 아니라 다른 브랜드에도 비슷한 제품이 있을 수 있겠네요?"라고 묻자 "그래도 이게 무난하고 마음이 놓이죠"라고 대답한다. 그래서 "무난하다는 건 뭘 말씀하시는 건가요?", "마음이 놓인다는 건 무슨 의미인가요?"라며 살며시 더 깊게 파고든다. 그러자 모두 평소에는 의식하지 않았던 부분이라 입을 다물었다. 앞서 설명했던 '당황해서 발생하는 침묵'이다.

이어 "그 때의 안심감을 좀 더 구체적으로 얘기한다면 어떤 기분인가요?"라고 한 번 더 확인하기 위해 묻자 "편하니까......"라고 말한다. 결국 '다른 사람이 봤을 때 한 눈에 알아 볼 수 있다'는 점이 '해당 브랜드가 가진 의미'라는 사실을 알 수 있었다. '그들이 말한 '마음이 놓인다'는 표현은 즉, 본인 스스로 알려주지 않아도 되는 데서 오는 편안함'인 것이다.

자기 취향이 확고한 사람은 큰 돈을 쓰더라도 '아는 사람만 아는 물건을 일부러 선택한다'. 혁신 수용자라면 어지간한 브랜드는 진작에 이미 '졸업'했다고 생각하고 있을 수 있다. 이미 다른 사람들이 모르는 한 발 빨리 새로운 브랜드를 물색하기 시작했을 수도 있을 것이다.

그러나 그렇게 까지 돈과 시간과 에너지를 들일 수 없는 사람은 '빨리 알아 볼 수 있는' 브랜드를 우선시 한다. 결국 '수많은 사람들이 구입해서 사용하고 있는 브랜드이기 때문에 자신도 같은 브랜드를 사면 다른 사람과 동일하다는 안심감을 얻을 수 있다. 게다가 그 브랜드는 다른 사람이 봐도 한 눈에 알아 볼 수 있고, 그 브랜드를 가지고 있기 때문에 사회적으로 인정받을 수 있다' 이것이 그 사람의 구입 이유이다.

기업의 입장에서 보면 다수 수용자 집단에게 까지 제품이 판매되면 틀림없이 매출은 늘어나게 된다. 하지만 그와 동시에 항상 신선함을 갖추어야할 브랜드이기 때문에 혁신 수용자도 관심을 갖을 수 있도록 새로움을 언제나 뉴스 형식으로 제공해주지 않으면 안된다.

혁신 수용자와 다수 수용자 집단이 동시에 관심을 갖도록 만드는 일은 대단히 어렵다. 혁신 수용자나 초기 소수 수용자가 생각하는 유행은 다른 사람들과는 다른 제품을 소유하는 것이고, 다수 수용자 집단이 생각하는 유행은 다른 사람들과 같은 제품을 소유하는 것이기 때문이다. 이 둘은 한데 묶을 수 없는 상반된 존재이다.

도망치려는 발언을 용납하지 않는다

신제품 음료의 콘셉트 개발을 위해 조사를 진행한다고 해보자. "이런 음료가 있다고 한다면 어떨까요?"라고 물으면 "전업 주부들한테는 괜찮지 않을까요?", "직장 여성들한테 좋지 않을까요?"라고 말하며 '내게 그건 필요 없다. 관심이 없다, 상관없다' 등의 사실을 좀처럼 이야기 하지 않는 경우가 있다.

이럴 때 "다른 사람은 차치해 두고......○○ 씨 본인은 어떤 가요?"라고 물어야 비로소 "음, 별로 필요하지 않아요"라며 그제서야 말을 꺼낸다.

또한 '일반적으로 지금이 웰빙 붐이니까 괜찮지 않을까요?' 등 평론가 같은 의견을 얘기하는 사람도 있다. 이럴 경우에도 "일반론을 여쭤보고자 하는 것은 아니고요, 당신의 개인적인 의견은 어떤 가요?"라고 반드시 되물을 필요가 있다.

어찌됐든 '당신 자신은 어떻게 생각하는가?, 구입할 것인가?'를 끊임없이 확인해 가는 사이에 조사 대상자도 서서히 질문을 본인의 입장에서 받아들이게 된다. 자기 나름의 소감을 이야기 할 수 있도록 유도하자. "당신 혼자만이 그렇게 느끼고 있을지도 모를 그 어떤 작은 부분이나 다른 의견, 뭐가 됐든 상관없습니다"라고 말하며 여러 번 독려한다. 이런 질문을 통해 조사 대상자는 점점 일반론을 대며 도망칠 수 없다는 생각을 하기 시작한다. 그러면 평소에 의식하지 않았던 일들도 생각해 내서 대답하게 된다.

제4장

인터뷰 대상을 선별한다

조사의 질을 결정짓는 대상자 선별 방법 - 타깃과 그 주변층을 공략한다

기본이 되는 네가지 세그멘트

누구를 대상으로 인터뷰를 해야 적합한 정보를 수집할 수 있을까? 선정한 인터뷰 대상자 한 사람만으로도 조사의 질이 결정되기 때문에 이 부분은 신중을 기해야만 한다.

정성조사에서는 반드시 전체의 의견을 정확하게 반영하지 않더라도 인터뷰 항목에 대해 빠짐없이 이야기 할 수 있을 정도로 해당 주제에 관심이 있는 층을 선택하는 일이 중요하다. 타깃과 동떨어진 사람의 얘기를 들어봤자 의미가 없다. 대상 상품의 구입자는 물론이고 향후 구입자가 될 가능성이 높은 사람에게 물어봐야 한다. 마케터는 통상적으로 다음과 같은 세그멘트를 기본으로 생각한다.

[6] 현재 사용자 중에도 팬 층(헤비 유저, heavy user)과 사용 빈도나 like의 정도가 상대적으로 높거나 강하지 않은 사용자(라이트 유저, light user)로 나누는 경우도 있다.

1. 대상 제품을 이미 구입하여 사용하고 있는 사람(현재 사용자)[6]
2. 대상 제품의 구입을 고려 중인 사람(구입 의향자)
3. 대상 제품을 과거에 구입했지만 최근에는 구입하지 않는 사람(중단자)
4. 경쟁 제품을 이미 구입해 사용하고 있는 사람(경쟁 제품의 현재 사용자)

그리고 이 4개의 세그멘트를 대상으로 할 질문의 내용을 정리한 것이 [도표 4-1]이다.

도표 4-1. 대상자 별 질문 리스트

대상자	질문 가능한 내용
1. 현재 사용자 Current user	대상 제품의 강점(매력), 약점(개선점), 구입 이유, 경쟁 제품에 대한 이미지
2. 구입 의향자 Intender	대상 제품의 미사용자가 본 매력, 브랜드 파워, 동경, 구입 촉진 요인, 구입 저해 요인 등
3. 중도자 포기자(이탈자) lapsed user	대상 제품의 약점, 문제점, 개선점, 현재 사용 제품을 선택한 이유와 평가
4. 경쟁 제품 현재 사용자 Competitive brand user	경쟁 제품의 매력, 경쟁 제품과 비교한 대상 제품의 강점과 약점, 대상 제품에 관심을 갖도록 하기 위한 힌트(브랜드, 제품, 커뮤니케이션) 등

누구를 조사 대상으로 삼을 것인가?

[사례] 매출이 부진한 아이스크림

가령 다음과 같은 경우를 생각해 보자.

당신이 아이스크림 회사의 브랜드 매니저라고 하자. 담당하고 있는 아이스크림의 매출이 상승하기는 커녕 최근 출시된 경쟁 타사 제품에 밀리고 있다. 이런 상황에서 다시금 자사 제품의 강점과 약점을 분석할 필요가 있다고 생각했다. 당신이 브랜드 매니저라면 누구를 인터뷰 대상자로 설정할 것인가?

내 선택은 1번, 4번 그리고 3번 세그멘트에 속하는 사람들에게 물어보겠다. 먼저 1번 '현재 사용자'의 의견을 반드시 취합해야 한다. 재구매에 나서는 팬 층의 의견을 배제할 수는 없다. 매출 감소의 원인이 분명히 드러나 문제점이 개선된다면 지금까지 한 번도 구입한 적이 없는 사람을 설득하는 것보다 훨씬 적은 비용과 시간, 정보양만으로도 재구매해 줄 것이기 때문이다.

그리고 4번의 '경쟁 제품 현재 사용자' 즉, 타사의 동일 가격대 아이스크림을 주로 구입하고 있는 사람과도 꼭 인터뷰를 하고 싶다. 아이스크림과 같은 식품의 경우 한 브랜드만 고집하는 경우는 극히 드물며 경쟁 제품과 조사 대상 제품 모두를 구입해 먹는 사람도 실제 많이 있을 것이다. 이 때문에 둘 다 먹긴 하지만 딱 꼬집어 얘기하면 경쟁 제품을 더 많이 먹는 사람을 선택하는 것이 좋다. 조사 대상 제품과 경쟁제품 둘 다를 먹는 사람에게 물어봄으로써 경쟁 제품과 비교한 대상 제품의 강점과 약점에 대한 이야기를 들을 수 있다.

3번 '중도 이탈자'의 경우 이번과 같은 경우에는 완전히 대상 제품의 섭취를 중단한 사람 보다는 최근 들어 조사 대상인 아이스크림을 먹는 횟수가 예전과 비교해 줄어든 사람들을 대상으로 해 물어보는 것이 좋다. "왜 최근 들어 먹는 빈도가 줄었나요?"를 물어보다 보면 과제를 해결하는 힌트를 얻을 수 있다.

이와 함께 인터뷰 대상자를 모집할 때는 대상자가 될 가능성이 있는 사람에게 최근 3개월 동안 먹은 적이 있는 아이스크림을 기입하도록 하고, 그 아이스크림을 언제부터 구입했는지, 그 아이스크림 이외에 어떤 아이스크림을 구입해 먹고 있는지, 본인이 가장 좋아하는 브랜드가 무엇인지 등을 물어봄으로써 1~3번 세그멘트 중 어디에 속하는지를 확인하도록 한다.

이러한 사전 설문조사를 스크리너(선정 질문)라고 부른다(스크리너는 몇 개의 조건을 제시하고 그 조건별로 '선발하는 것'을 말한다). 조사기관에서는 연령과 직업 확인(동종업 회사에 근무하고 있는지) 및 제품 구입 경험 등의 조건을 상세하게 확인하기 위해 스크리닝 시트를 준비하고, 그에 대한 대답을 통해 실사 담당자가 인터뷰 참석자를 모집한다.

[사례] 자동차 광고 시안 테스트

이번에는 아래와 같은 경우를 생각해 보자.

당신은 자동차 제조사의 광고 담당자이다. 곧 출시 할 신차의 광고를 정해야 한다. 여러 개의 광고 시안을 보고 어떤 안이 좋은지 선택하게 한 후 그 선택 이유를 듣고 각각의 광고 안에 대한 개선점을 탐색하는 조사를 실시할 경우, 당신이라면 누구를 대상으로 인터뷰 할 것인가?

이 경우 아직 제품이 시장에 나오지 않았기 때문에 '현재 사용자'와 '중단자' 세그멘트에 속하는 사람들은 존재하지 않는다. 이 때문에 '구입(사용) 의향자'와 '경쟁 제품 현재 사용자'가 조사 대상이 된다. 조사 대상인 신차와 비슷한 가격대의 자동차를 구입하려는 사람 또는 비슷한 가격대의 경쟁차량을 소유하고 있는 사람이 이에 속한다.

자동차는 구입에 따른 가격 부담이 상당하기 때문에 예산이 2,000만 원인 사람이 갑자기 충동구매로 5,000만 원짜리 차를 사는 경우는 거의 없다. 대부분 정해진 예산에 맞춰 구입하기 때문에 가격을 기준으로 조사 대상자를 선정하면 된다. 경쟁차량을 소유한 사람이나 최근 1년 이내에 신차를 구입한 사람을 모집한다. 구입 단계에서 어떤 광고가 눈에 들어왔으며 관심을 가졌는지, 구입 당시를 떠올리면서 물어 볼 수 있다.

자동차의 경우 가족구성이나 생애주기(Life Stage)의 단계(자녀의 연령 등), 라이프 스타일(취미나 차를 이용하는 행동 범위) 등에 따라 선택하는 자동차가 결정된다. 상세하게 타깃을 설정하여 만든 광고는 타깃 층의 니즈에 어필되어 기억에 잘 남게된다.

그룹 내에서 동질성을 확보한다 - 비슷한 성향의 사람들끼리 모이면 말하기 쉬워진다

말하기 편한 분위기를 만들기 위해

인터뷰 대상자가 모두 같은 제품을 사용하고 있거나 관심 분야나 연령대가 비슷하는 등 속성이 유사한 사람들을 한 그룹으로 묶는 편이 참석자들도 편하게 이야기 할 수 있다. 사람은 상대와 처음 만나는 경우 특히 비슷한 성향의 사람과 이야기 하는 것을 편하게 느낀다. 편안한 분위기가 형성되면 인터뷰어도 이야기를 끌어내기 쉬워진다.

음료 조사일 경우에는 회사에 매일 출근 하는 사람과 출근을 하지 않는 주부 사이에 음료를 구입하는 장소(편의점, 슈퍼마켓 등)도 다를뿐더러 수용 가능한 가격, 마시는 장소(회사, 외근지, 자택 등)도 다르기 때문에 그룹을 나누어 구성한다.

화장품 조사일 경우에는 연령에 따라 피부 상태, 피부 노화 정도가 완전이 다르기 때문에 연령을 기준으로 나눈다. 게다가 라이프 스타일 상 외출 빈도의 많고 적음 또한 화장에 대한 인식이나 태도에 영향을 준다. 따라서 풀 타임 근무자(타인과 접하는 시간이 김)와 그렇지 않은 사람의 라이프 스타일에 따른 구분도 필요하다.

패션 브랜드가 조사 대상인 경우에는 최대한 자신만의 확고한 패션 철학이 있는 사람이나 유행을 선도하고자 하는 생각이 강한 사람(유행에 맞춰 패션을 정하거나 트랜드를 고려해 구입 하는 등)의 이야기를 듣는 것이 한창 유행 중일 때 등 떠밀리 듯 구입하는 사람의 얘기를 듣는 것 보다 해당 브랜드와 시장에 대한 많은 의견을 들을 수 있다. 소비행동이 확연히 다른 사람들의 의견을 한 그룹 안에서 묻는 일은 삼가야 한다.

어떤 속성이 제품 선택과 가장 관련성이 있는가? 그리고 그 관련성의 강도를 예측하여 그룹을 나누는 방법도 좋다. 예를 들어 커피는 통상적으로 향이 제품 선택의 중요한 요소로 인식된다. 이와 같은 경우 마일드한 향, 다크한 향 등 각각의 향을 선호하는 그룹으로 나누어 보는 것도 하나의 방법일 것이다.

이상적인 인원은 6~8명

한 그룹당 적절한 인원은 6~8명이다. 이는 전원이 토론에 참여할 수 있는 상한선이자 당일 불참자를 고려해 1~2명을 예비로 확보하여 총 8명에게 참석하도록 의뢰하고 있기 때문이다. 10명이 되면 토론에 참여할 동기를 잃어버리는 사람(다른 사람이 얘기할 테니 본인은 대충 얘기해도 된다고 생각하는 사람)도 나타나게 된다. 6~8명이면 모두를 한 눈에 볼 수 있고 순서대로 이야기를 들을 때도 과도하게 시간이 소요되지 않는다.

그러나 최근에는 3~4명으로 구성된 미니 그룹 인터뷰도 많이 진행하고 있다. 이는 조사의 주제가 대상자의 가치관을 깊고 면밀하게 탐색해야 할 경우로 2시간만에 8명의 이야기를 듣기에는 시간이 부족하여 일부러 적은 인원으로으로 구성하는 것이다.

원칙 상 서로 한 번도 만난 적이 없는 사람들(첫 대면 하는 사람들)을 대상자로 모집한다. 이렇게 해야 서로의 눈치를 보지 않으며 자유롭게 의견을 말할 수 있기 때문이다.

그룹 다이나믹스(group dynamics)를 이용한다

그룹을 6~8명으로 구성하는 데에는 또 다른 이유가 하나 더 있다. 이 인원일 때 그룹 다이나믹스가 가장 잘 작동하기 때문이다. 그룹 다이나믹스란 집단역학을 뜻하며, 집단을 구성하는 멤버들이 상호 영향을 주고 받는 현상을 말한다.

인터뷰의 경우에는 집단 내에서 서로의 의견을 들음으로써 자극을 받게 되고 자신이 평소 생각지도 못했던 부분을 의식적으로 생각하게 되어 발언자 본인도 예상하지 못했던 내용을 이야기 하게 된다. 때에 따라서는 어떤 한 의견을 극단적일 정도로 강력하게 긍정하거나 어떤 의견에 대해 조사 대상자의 의견이 필요 이상으로 집중되는 경우가 있다. 반대로 어떤 의견을 극단적일 정도로 강력하게 부정하는 경우도 있다.

즉, 다이나믹스로 인해 평상시에 무심코 지나쳐 주목하지 않았던 부분을 긍정 또는 부정적인 방향으로 극단적인 평가를 하는 경향이 있다. 하지만 일부러 이야기를 깊게 파고 들어가기 위해 이 다이나믹스를 이용한다.

극단적인 평가는 숙련된 인터뷰어가 그 자리에서 판단해 이야기를 계속할지 말지 결정할 수 있다.

또한 인터뷰 종료 후 디프리핑에서 발언을 해석할 때에는 다이나믹스의 영향을 제외하고 분석한다.

분석 · 시점별로 구성한다
- 예산과 진행 일수를 고려해 조율한다

비교하는 시점을 가지고 그룹을 구성

포커스 그룹 인터뷰에서는 분석 포인트를 사전에 설정해 그에 부합하는 그룹을 구성하면 누구를 타깃으로 삼을지와 같은 결과 판단이 용이해 진다. 즉, 20대와 30대의 반응이 어떻게 다를까? 자녀가 있는 사람과 없는 사람은 어떻게 다를까? 또는 휴대전화로 e-메일 계정에 자주 접속하는 사람과 컴퓨터로 자주 접속하는 사람은 어떻게 다를까? 등 비교하는 시점을 기준으로 그룹을 나눈다.

예산과 시간의 제약이 있는 경우의 대처 방법

그런데 현실적으로는 고객사의 예산이나 조사에 소요되는 시간에 제약이 있기 때문에 모든 분석 시점별로 그룹을 나누어 구성할 수 없다. 조사 또한 비즈니스이기 때문에 타협이 필요하다. 이런 까닭에 아래의 두 가지 사례를 통해 예산과 시간의 제약을 어떻게 조율하면 되는지 설명하겠다.

[사례] 신상품 립스틱의 콘셉트 조사

화장품 조사에서 그룹을 나누는 경우에는 연령, 현재 사용하고 있는 화장품, 피부 타입 등의 분석 시점이 있다. 이 때 연령, 현재 사용 중인 제품별로 그룹을 나누고 피부 타입, 예를 들어 건성피부인 사람과 지성피부인 사람을 한 그룹에 반반씩 섞어 구성하는 등 현실적인 판단이 필요하다. 같은 그룹이더라도 피부 타입에 따라 같은 질문에 대한 반응이 다를 수 있다는 시점을 가지고 인터뷰어가 대화를 이끌어가면 된다.

이처럼 실용적인 차원에서 타협하고 조율하며 조사를 설계하기 위해 무엇을 분석 기준으로 보고 우선해야 할지를 결정하는 일은 마케터의 판단에 달려있다.

조금 더 구체적인 사례를 소개하겠다.

화장품 브랜드 Q가 출시할 신상품 립스틱의 콘셉트 조사를 실시한다고 가정해 보자. 이 경우 연령에 따른 비교(25~34세, 35~44세), 취업 형태에 따른 비교(풀타임 근무자, 전업 주부 및 시간제 근무자), 현재 사용하고 있는 립스틱 브랜드에 따른 비교로 총 세 개의 분석 시점이 있다. 이 세 개의 분석 기준에 맞춰 그룹을 구성하면 2X2X2가 되어 8개의 그룹이 필요해 진다(도표 4-2).

그러나 예산과 진행일이 제한되어 있어 네 그룹 이상은 조사할 수 없다면 현실과 타협하여 그룹을 구성해야 한다.

이 때 당신이라면 어떻게 할까?

화장품 회사는 '지금까지 브랜드 Q를 사용한 경험 유무'가 브랜드 Q의 새로운 립스틱에 대한 관심도를 가르는 요인이 될 것으로 생각했다.

그러나 화장품 조사의 경우 5살만 나이 차이가 나도 피부에 대한 의식이 완전히 달라지기 때문에 22~44세의 사람들을 한 그룹으로 구성하면 서로 눈치를 보느라 진실된 의견을 들을 수 없게 된다.

직업 형태의 차이도 화장품 선택에 영향을 준다. 즉, 경제적인 자유도의 유무에 따라 당연히 화장품 선택도 달라지게 된다. 경제적 자유도가 다른 사람들을 한 그룹에 넣을 경우 자유도가 낮은 사람들이 자유도가 높은 사람들에게 열등감을 느껴 의견을 말하지 못하게 되는 경우도 발생한다. 이 때문에 직업 형태가 다르면 한 그룹으로 묶을 수 없다. 그리하여 화장품 회사가 생각한 우선 순위가 높은 분석 기준인 '브랜드 Q를 사용한 경험 유무'는 한 그룹에 절반씩 섞어도 이야기를 들을 수 있다는 결론을 내고 그룹을 [도표 4-2]와 같이 4개의 그룹으로 구성해 리서치를 실시하게 됐다.

도표 4-2. 화장품 브랜드 조사 시 인터뷰 그룹의 구성안

▶ 이상적인 그룹 구성

연령	직업 형태	브랜드 Q의 사용 경험	그룹
25~35세	풀 타임 근무자	있음	1
		없음	2
	전업주부, 시간제 근무자	있음	3
		없음	4
35~44세	풀 타임 근무자	있음	5
		없음	6
	전업주부, 시간제 근무자	있음	7
		없음	8

예산과 진행 일수를 고려한다

▶ 현실적인 그룹 구성

연령	직업 형태	브랜드 Q의 사용 경험	그룹
25~34세	풀 타임 근무자	있는 사람과 없는 사람을 반반씩	1
	전업주부, 시간제 근무자	있는 사람과 없는 사람을 반반씩	2
35~44세	풀 타임 근무자	있는 사람과 없는 사람을 반반씩	3
	전업주부, 시간제 근무자	있는 사람과 없는 사람을 반반씩	4

테스트 인터뷰를 통해 분석 기준을 발견한다

처음에 몇 몇을 대상으로 테스트 인터뷰를 진행해 분석 기준을 발견한 다음, 그룹 인터뷰의 구성을 결정하는 것이 나을 때도 있다.

[사례] 흰머리용 염색약의 상품 개발

아래 사례에 대해 같이 생각해 보자.

이발소, 미용실용이 아니라 일반인을 대상으로 시판되는 흰머리용 염색약의 상품 개발을 위해 포커스 그룹 인터뷰를 실시한다고 가정해 보자. 당신이라면 어떤 분석 기준을 전제로 하겠는가?

먼저 머릿속에 떠오르는 조건은 연령에 따른 분석 기준일 것이다. 여성용 미용 제품이기 때문에 앞서 설명한 립스틱 사례와 마찬가지로 연령이 서로 다른 사람들을 같은 그룹에 배정하면 솔직한 의견을 끌어내기 어렵다. 게다가 흰머리 염색용 시판 제품을 사용해 자택에서 셀프 염색을 하고 있는 사람이라는 조건이 추가 될 것이다. 이 때 시판 제품을 사용하고 있는 사람을 대상으로 연령별 인터뷰를 실시하는것이 타당한지 고민했다(도표4-3). 일단 그룹 인터뷰가 아니라 퍼스널 인터뷰를 통해 개별적으로 이야기를 들어 보기로 했다.

그런데 이야기를 들어보니 흰머리를 염색하기 전부터(즉, 흰머리가 나지 않던 젊은 시절부터)멋내기용 염색약을 사용해 머리카락을 염색해 왔던 사람과 흰머리 염색을 통해 처음으로 헤어 염색을 시작한 사람 사이에는 염색에 바라는 요소가 매우 다르다는 점을 알게 됐다.

흰머리 염색약을 사용하기 전에 멋내기 염색약을 사용해 집에서 염색을 했던 사람은 염색 행위 자체에 거부감이 없어 안전성에 대해 우려하는 이야기를 하지 않았고, 최종적인 머리 색깔에 신경을 많이 쓰는 경향이 강했다. 다른 사람과 차별화된 색깔을 중시하고 있었다.

반면 흰머리 염색을 하며 처음으로 집에서 염색을 시도했던 사람은 제대로 염색이 되는지에 대한 걱정보다 머리카락에 미칠 악영향과 번거롭지 않게 간단히 염색이 가능한지에 대한 불안이 강했고 순한 향, 브러쉬 타입 염색약에 큰 매력을 느끼고 있다는 사실을 알았다. 이 사람들은 안전함과 편리함을 강조한 상품을 선택하고 있었다.

셀프 염색 초보자와 장기 사용자를 한 그룹에 넣으면 이야기가 잘 진행되지 않는데다 서로 눈치를 보게 된다. 따라서 이후 조사에서는 이 둘을 나누어 이야기를 듣기로 했다. 즉, [도표 4-3]과 같은 그룹으로 구성했다.

소규모 테스트 인터뷰를 거친 후 본조사로 들어가는 방법은 리스크를 줄이기 위한 좋은 운영기법이다.

도표 4-3. 흰머리용 염색약의 테스트 인터뷰와 그룹 구성안

연령	시판 중인 흰머리 염색 제품 사용 경험	퍼스널 인터뷰
35~44세	있음	3명
45~54세	있음	3명

흰머리를 염색하면서
처음으로 염색을 시작한 사람과
멋내기 염색을 예전부터 해 온 사람을
나눈다

연령	멋내기 염색 경험 유무	시판 중인 흰머리 염색 제품 사용 경험	그룹
35~44세	있음	있음	1
	없음		2
45~54세	있음	있음	3
	없음		4

인터뷰 대상자에 따른 반응 패턴의 차이 - 성별, 연령 등의 차이에 대응한다

대상자의 속성에 따른 대처법을 알아 두자

인터뷰 대상자가 되는 사람들은 주제에 따라 다양하다. 자신이 평소 어울리는 범위 밖의 사람과도 만나 이야기를 나누어야만 한다. 자신의 관심 범위와는 완전히 다른 주제나 어려운 주제일 때도 있다. 이럴 때 인터뷰어는 무리하지 말고 편하게 이야기 하면 된다는 태도를 보여주는 것이 중요하다.

또한 속성별로 대처법을 숙지하고 있으면 편리하다. 그래서 자주 인터뷰 대상이 되는 응답자 그룹을 아래와 같이 속성별로 나누어 설명하겠다.

1. 유아(3~6세)
2. 학생(초등학생, 중학생, 고등학생)
3. 젊은 여성
4. 젊은 남성
5. 중년여성
6. 중년 남성
7. 고도의 전문성을 지닌 사람
8. 고령자
9. 남녀 혼성 그룹

1. 유아일 경우

유아에게는 그 자리에서 상품을 보여주거나 같이 놀아주면서 인터뷰어가 그 모습을 관찰하고 간단한 질문(마음에 드니? 싫어?)을 한다. 시간은 1시간 정도가 한계점이다. 기본적으로 3~4세의 유아일 경우에는 엄마와 함께 참석해 엄마가 대신 대답하지만, 5~6세가 되면 구사할 수 있는 어휘양도 늘어나기 때문에 아이 혼자서도 참여할 수 있다. 친구와 둘이 짝을 이뤄 참가하는 인터뷰일 때에는 30분 정도면 이야기를 충분히 들을 수 있다.

2. 학생일 경우

이 경우에는 초등학생, 중학생, 고등학생으로 분류할 수 있다.

초등학생

초등학생이 되면 아이 혼자서도 참여할 수 있게 된다. 하지만 집중력이 유지되지 않기 때문에 필요한 질문만을 추려 1~1.5시간 안에 끝내도록 한다. 그 자리에서 샘플이나 상품을 사용하도록 해 그 반응을 관찰하는 방법이 효과적이다. 예를 들어 게임기를 가지고 놀거나 잡지를 읽고, 시식을 하는 행위가 이에 해당된다.

좌담회를 진행 하는 동안 과자를 먹으며 즐겁게 이야기할 수 있도록 하는 등의 아이디어도 필요하다. 단, 너무 과도하게 편안함을 느끼게 되어 꼭 들어야 할 의견을 제대로 듣지 못하는 경우도 있다. 고객사(클라이언트)의 의향에 따라 달라지겠지만, 발언을 듣지 못하더라도 태도 관찰을 우선할 것인지, 아니면 태도 관찰뿐만 아니라 제대로 발언까지 확인할지를 사전에 정해 둘 필요가 있다.

초등학교 저학년의 경우 대체적으로 발언을 확인하기 어려운 때가 많기 때문이다.

초등학교 고학년부터 중학교 1학년은 자기 자신에 대한 자신감이 없어 다른 사람과 다른 의견은 잘 말하려 하지 않는다. 또한 타인의 의견에 동조하려는 경향도 강하다. 의견을 끌어내는데 상당한 노력이 필요한 어려운 층이다. 가능한 사진이나 동영상 등 자극을 줄 수 있는 소재를 준비한다면 이야기를 들을 수 있다.

중학생

중학교 2~3학년이 되면 여학생은 비교적 숨김없이 이야기를 한다. 그렇다고는 해도 역시나 어른 앞에서는 무조건 입을 닫든가 말을 하더라도 한정된 어휘로 말해 의견을 잘 표현하지 못한다. 이 때 인터뷰어는 말에 의존하지 말고 이미지를 묻도록 하는데, 제 7장에서 설명할 의인법이나 콜라주와 같은 기법을 사용하게 되면 그를 계기로 이야기에 탄력이 붙는 경우가 있다.

예를 들어 자기소개 하나를 하더라도 "옆자리 학생에 대해 대신 소개할 거니까 시작하기 전에 옆자리 학생에 대해 소개할 수 있도록 미리 얘기를 좀 나누고 있을래?"라고 부탁을 해 두어, 시작 전에 편안한 분위기를 만들어 두는 것도 중요하다. 이 방법은 고등학생에게도 매우 효과적이다.

고등학생

여고생은 날나리 같은 아이(화장, 염색을 한 아이), 스포츠에 열심인 아이, 모범생 타입의 아이인지에 따라 관심사가 완전히 다르다. 상당히 세분화 되어있는 문화 속에서 생활하고 있기 때문에 조금이라도 다른 층의 여학생이 있으면 위화감을 드러낸다. 그렇기 때문에 최대한 동일한 성향을 가진 학생들을 한 그룹에 넣는다.

남학생의 경우에는 마음이 가는 주제라면 이야기를 하지만 만약 관심이 없는 주제일 때는 극단적으로 말 수가 줄어들기 때문에 가능한 인터뷰 주제에 큰 관심을 갖고 있는 층을 모집해야 유익한 정보를 얻을 수 있다. 사전에 어떤 것이 됐든 과제를 제시하는 것도 효과적이다. 가령 주제인 제품의 사용 상황을 일기 형식으로 기입하도록 하는 방법이 있다. 문장이든 그림이든 사진이든 형식은 상관 없다. 핵심은 관심을 유발해 말 이외의 수단으로 표현할 수 있도록 자리를 마련하는 것이 어휘가 아직 미숙한 세대에 대한 대책이 된다는 점이다.

때에 따라서는 8명의 대상자를 4개의 서브 그룹으로 나누어 둘이

상의하며 참여하게 하는 등 다소 게임 형식의 경쟁심을 이용해 표현하도록 유도한다.

3. 젊은 여성일 경우

20대 여성의 경우에는 개인차가 존재한다. 상당히 똑 부러지게 자신의 의견을 말하는 사람도 있는 반면, 젊은 여성 특유의 수줍음과 사회적인 상황에 익숙하지 못한 탓에 타인 앞에서 똑바로 의견을 말하지 못하는 사람도 있다. 기본적으로 관심이 있는 것과 없는 것의 관여도 차이가 분명하다. 관심이 있는 주제라면 매우 적극적으로 이야기하지만, 그렇지 않은 경우에는 소리가 작아지고 침묵의 시간이 길어진다.

이럴 경우에는 일단 큰소리로 말하도록 유도하자. 인터뷰어도 큰소리로 말해야 한다. 자기도 모르게 분위기에 휩쓸려 목소리가 작아지지 않도록 하자. 그리고 이 나이대는 타인의 의견에 동조하려는 경향이 강하기 때문에 모두 같은 반응을 보일 필요가 없다는 사실을 수시로 알려준다.

20대 여성은 물론 속성에 따라 다르긴 하지만, 비교적 천천히 생각하면서 말하는 경향이 있다. 이럴 때는 너무 조급해 하지 말고 침묵도 참아내며 차분히 대답을 듣도록 하자.

4. 젊은 남성일 경우

젊은 남성(대학생~직장인)은 비교적 이야기를 듣기 쉬운 층이지만, 반대로 자신을 좋게 포장해 듣기 좋은 대답만 하기 때문에 주의해야 한다. 특히 구직활동 중인 대학생이나 전문대생은 직장을 알아보고 있는 기간 중에는 아무래도 면접자와 같은 태도(면접 연습이라 생각해 대답을 통해 평상시의 자기보다 더 좋게 보이도록 하려는 마인드)를 보이기 때문에 조사 대상자의 자연스러운 대답을 얻기 어려운 부분이 있다는 점에 주의하자.

5. 중년 여성일 경우

중년 여성(40대 이상)의 경우는 말이 많기 때문에 발언양도 많은데, 질문에 맞는 대답이 아니라 본인이 하고 싶은 이야기만을 하는 사람이 상당수 있다. 또한 그룹 안에서 연장자인 사람이 그 자리를 주도하려는 태도를 보이는 경우가 있다. 이 때에는 "하나의 그룹에서 무언가 하나의 결론을 낼 필요는 전혀 없습니다. 여러분 한 사람, 한 사람의 의견을 얘기해 주시면 됩니다. 다른 사람과 다른 의견을 갖고 계신 경우에는 더 더욱 말씀해 주시길 바랍니다"라며 주도하려는 연장자 이외의 대상자를 지명하여 의견을 말하기 쉽도록 만든다. 특히, 리더격인 사람에게 발언을 방해 받은 비교적 얌전한 사람을 적극적으로 지명한다.

현재 무엇에 대해 질문하고 있는지를 수시로 환기시키면서 이야기를 진행하는 방법이 특히 이 층에서는 필요하다.

6. 중년 남성일 경우

중년 남성(40세 이상)은 저도 모르게 일반론에 빠져 평론가 같은 의견을 말하는 경우도 많다. 그래서 자신의 의견을 말해달라는 점을 수시로 상기시켜야 한다.

이렇게 하더라도 회사에서 일하는 사람들이기 때문에 "이 회사는 타깃을 누구로 생각하는 겁니까?"라며 역으로 인터뷰어에게 질문하는 경우가 있다. 이럴 때에는 어디까지나 "소비자로서 당신은 어떻게 생각하나요?"라고 반문하는 것이 좋다. 인터뷰어가 그 질문에 대답할 필요도 없고, 대답을 하게 되면 바이어스를 제공하게 되기 때문이다.

7. 고도의 전문성을 지닌 사람일 경우

고도의 전문성을 지닌 사람과 인터뷰 하는 경우도 있다. 예를 들어 IT네트워크 제품이라면 회사에서 IT관련 업무를 담당하는 정보시스템부의 부장과 이야기를 나누는 경우가 있다. 또는 의약품이라면 의료관계자(의사, 간호사)와 인터뷰하는 경우도 있다.

전문 정보를 끌어내는 경우에는 최소한의 내용을 인터뷰어도 필수적으로 공부해야 한다. 여기서 말하는 최소한이란 상대 회사의 홈

페이지, 업계의 전문용어를 알 수 있는 웹 사이트, 전문 잡지 1~2권 정도는 확인하도록 하자. 적어도 반나절 정도 시간을 들인 후 인터뷰에 임하면 얻어내는 내용의 수준이 달라진다. 하지만 만반의 준비를 하기란 좀처럼 호락호락 하지 않다. 시간이 확보됐다 하더라도 전문적 지식을 쉽게 그 시간 안에 습득할 리 만무하다. 따라서 기본적으로는 '가르침을 받는' 자세로 임한다면 인터뷰도 잘 풀릴 것이다.

또한 고도의 전문성을 지닌 사람일 경우 아무래도 리서치의 목적 및 클라이언트의 목적을 알고 싶어한다. 무슨 연유로 본인이 불려와서 인터뷰를 하는지에 대해 궁금해 한다. 이 점에 대해서는 확실히 상대의 역할과 우리들이 기대하는 바를 설명해 주도록 하자. 전문가로서 직업상 위치 때문에 대답해 주었으면 하는 점과 향후 영업면에 피해 없도록 하겠다는 점을 분명히 밝힌 후 인터뷰를 시작한다. 조사 목적과 클라이언트에 대해서는 바이어스를 제공할 수 있기 때문에 알리지 않는 것이 좋다. 단, 경우에 따라 클라이언트의 소개로 인터뷰를 하는 경우에는 인터뷰어는 클라이언트 쪽 직원이 아니기 때문에 눈치 보지 않고 어떤 의견이든 이야기 해 주길 바란다는 점을 사전에 확인 시킨다. 그렇지 않으면 클라이언트가 기뻐할 만한 이야기만 하기 때문에 인터뷰 하는 의미가 없어진다.

8. 고령자일 경우

한 명의 발언 시간이 길어지는 경향이 있다. 전원의 이야기를 듣고 싶은데 일부 사람만이 주제와 관련 없는 이야기를 장황하게 말하는 사태를 피하기 위해 사전에 오늘은 여러분 모두에게 골고루 이야기를 듣고 싶다고 양해를 구하자. 그래도 혼자 장황하게 이야기 하는 사람에게는 살며시 "다른 분 의견도 들어볼까요?'라며 발언을 제한한다.

또 하나 주의할 사항은 특히 가장 나이가 많은 연장자가 자리를 주도하기 쉽다는 점인데, 이 경우에도 특히 연령대가 낮은 사람은 지명을 해서라도 이야기를 듣도록 하자. 그러다 보면 최고 연장자도 눈치를 채게 된다.

그리고 발언 속도가 느리다는 점과 외래어를 과도하게 사용하면 안된다는 점에도 주의해야 한다. 최근에는 고령자라고 해도 건강하기 때문에 관심이 있는 주제일 때는 매우 유익한 의견을 들을 수 있는 경우도 많다. 사람들이 모인 자리에서 말하는 것을 즐겁게 여기는 고령자를 참석 시키면 인터뷰 분위기가 화기애애해 진다. 여담인데, 인터뷰 막판에 필자에게 사탕을 주신 고령자도 계시다. 나의 수고를 살펴주시니 피로가 풀리는 기분이었다.

9. 남녀 혼성 그룹일 경우

일본과 한국에서는 남녀별로 포커스 그룹 인터뷰를 진행하는 경우가 많은데, 미국과 유럽에서는 남녀 혼성 그룹을 구성해 실시하는 경우가 많이 있다. 이유는 포커스 그룹이라 함은 사회의 축소판이기 때문에 남녀를 섞어 구성하는 것이 자연스럽다는 점과 남녀 간의 차이 보다 다른 속성에 의한 차이가 크다(성향이나 사회적 속성 등)는 점이 배경에 있는 것으로 보인다.

일본(한국)에서도 고도의 전문성을 지닌 그룹에게 전문 분야에 대한 이야기를 듣는 그룹 인터뷰를 진행할 때는 남녀 혼성 그룹으로 구성해 실시해도 전혀 문제가 되지 않는다. 여성도 주눅들지 않고 이야기를 해주기 때문이다.

그런데 일반적인 남녀를 섞은 그룹이라면 남성 연장자가 전체를 주도하려는 경향을 보이기 때문에 인터뷰어가 그룹 내의 젊은 여성에게 말을 걸어 눈치보지 말고 의견을 말해 달라고 얘기할 필요가 있다.

와인에 대한 포커스 그룹 인터뷰를 남녀 혼성 그룹으로 진행한 경험이 있는데, 연장자인 남성의 눈치를 보느라 특히 전업 주부인 여성이 말하기를 어려워했다. 아무래도 예산 문제 때문에 피치못하게 혼성 그룹으로 진행 할 수 밖에 없을 때에는 가능한 전원이 이야기 할 수 있도록 독려할 필요가 있다.

제5장

'물어서 캐내기' 위한 시점과 기본 틀

세가지 시점에서 질문을 생각해 낸다 - 행동, 태도, 의식

이면에 숨어있는 의식까지 캐내서 물어본다

인터뷰 대상자로부터 내가 듣고 싶은 이야기를 '끌어내기' 위해서는 인터뷰 대상자의 행동, 태도, 의식 이 세가지 시점을 반드시 파악하고 있어야 한다(도표 5-1).

도표 5-1. 행동, 태도, 의식의 세가지 시점

행동	태도	의식
정보 수집 행동, 구매 행동, 소비 행동	상품을 선택(또는 미선택)한 이유, 사용 제품에 대한 평가와 만족도, 경쟁 제품에 대한 평가, 브랜드 교체의 가능성	상품을 선택한 이유의 이면에 존재하는 욕구와 가치관

먼저 '실제 상품을 구입했다', '광고를 본 적이 있다', '매장까지 가서 봤다'등과 같은 구체적인 행동 면에서의 정보를 파악한다.

그 후 그 행동의 배후에 존재하는 태도 즉, 해당 상품에 대한 소비자의 태도를 탐색한다. 예를 들어 음료수라면 달지 않은 음료를 선호한다, 차로 만든 음료를 선호한다 등의 맛에 대한 기호, 실제 구입한 제품에서 마음에 드는 점과 걱정되는 점, 나아가 개선되기를 바라는 점 까지도 탐색한다. 타사의 경쟁 제품을 구입하고자 하는 마음이 어느 정도 있는지도 물어보도록 하자.

마지막 의식 면에서는 태도를 만들어낸 배경에 있는 요인을 탐색한다. 단 음료를 좋아하지 않는 것은 실제로는 단맛을 좋아하지만 칼로리에 대한 걱정, 변비에 대한 걱정, 피부 관리에 대한 걱정 등이 태도 형성에 영향을 준 것으로, 이들 요인은 그 사람의 이상과 욕구에 해당하는 부분이다.

세가지 시점 중 세 번째에 해당하는 의식은 질문을 통해 파헤쳐 내기가 가장 어렵다. 본인이 의식하지 못하고 있는 경우도 많고 의식하고 있더라도 말하기를 꺼려하는 경우도 있기 때문이다. 그렇다고 해서 이 부분을 보려 하지 않으면 본질적인 부분을 보지 못하게 된다.

[포인트 1] 상품에 관련된 소비 행동의 의도를 상품 사용 프로세스 상에서 캐치해 낸다

일단 상품 구입에는 니즈가 존재한다는 점을 전제로 왜 그 제품을 사려고 했는지를 알아내야 한다. 예를 들어 헤어 스타일링 상품(왁스, 젤, 무스 등)의 경우 스타일링을 하려는 이유가 무엇인지를 묻는다. 그 사람에게 스타일링이 어떤 의미인지 확인하는 것이다.

"어째서 매일 아침 머리를 스타일링 하나요?"라고 직접적으로 묻는 방법도 좋지만, 매일 매일 무의식적으로 습관처럼 하는 행위에 대해 사람은 이유를 바로 대답하지 못한다. 그런 경우에는 스타일링을 하는 과정에 대한 이야기를 들으면서 스타일링을 하는 이유를 탐색할 수도 있다. 아침에 일어나 외출을 할 때까지 어떤 식으로 머리를 손질하는지 실제처럼 재연하도록 해 행위에 숨겨진 의식을 탐색해 간 다. "자는 동안 머리가 헝클어져서……"라며 대상자가 말한다면 헝클어진 머리를 정돈하는 의미라는 점을 알 수 있다. "제 머리는 가늘고 축 쳐져 있어서 최대한 볼륨감을 주고 싶어서……"라고 말한다면 '본인의 모발이 갖고 있는 단점을 보완하기 위해서' 일 것이다. "스타일링은 하지만 자연스러운 헤어스타일을 보여주고 싶어요"라고 말한다면 '인위적인 연출은 하지만 일부러 손질한 것처럼 보이지 않는 게 하는 것'이 중요하다는 점을 알 수 있다.

"어째서 스타일링을 하나요?"라며 개념적인 수준으로 추상적인 질문을 하는 것보다 직접 시연하도록 해, 매일 하는 익숙한 행위를 매개로 하여 그 배경에 존재하는 의식을 탐색하게 되면 대상자도 말하기 쉬워진다.

치약, 식품, 스킨케어 제품 선택과 같이 일상생활 속에서 습관적으로 하고 있는 행위의 배경에는 니즈가 있기 때문에 그 니즈를 파헤쳐야 한다.

[포인트 2] 여러 상품 중에서 특정 상품을 선택한 이유를 묻는다

제품을 구입한 이유를 탐색하는 경우에 자주 사용하는 표현이 '매장에 그렇게나 많은 제품이 있는데 그 중에서 여러분은 어떻게 제품을 선택하시나요?" 혹은 "최종적으로 결정하기 전까지는 여러모로 고민을 하실텐데요, 그 과정에 대해 이야기 해주세요. 살지 말지 고민했던 제품, 수집했던 정보, 매장에서 어땠는지 등 생각나는 대로 말씀해주시면 됩니다. 아무거나 다 말씀해 주시면 됩니다"라는 표현이다.

자동차 같은 고가의 제품이라면 비교적 명확하게 구입 프로세스를 기억하고 있어 순서대로 대로 대답할 수 있다. 하지만 저렴한 가격의 제품인데다 아주 가끔 구입하는 제품일 때는 보통 기억을 떠올리기 힘들다. 이럴 경우에는 매장의 판매대를 재현해 상품을 진열하고 그것들을 보면서 이야기를 하는 방법도 있다.

어떤 방법이 되었든 우리가 정한 항목에 대한 이야기만을 듣는 게 아니라 대상자의 구입 프로세스를 먼저 자발적으로 이야기 하게 한 후, 이 때 말하지 않았던 사항을 다음과 같이 확인하도록 하자.

- 애당초 무슨 이유로 그 상품을 사려고 했는가? 계기와 동기(누군가의 영향인가? 본인이 필요성을 느꼈는가? 계기가 된 에피소드가 있는가?).
- 참고한 정보원(TV, 잡지, 신문, 포털 사이트, 유투브 광고, 인터넷

등에서 수집한 정보, 블로거 사용기, 친구의 조언 등)은 무엇인가? 의지했던 정보원은 무엇인가?

- 매장에서 손에 들고 확인한 상품은 무엇인가? (후보 상품, 마지막까지 고민한 상품)
- 매장에서 얻은 정보는 무엇인가? (판매대 주변 정보, 직원의 조언 등)
- 최종적으로 무엇을 우선시해 결정했나? (결정 요인)
- 가격에 대한 평가

[포인트 3] 사용한 제품에 대한 평가를 듣는다

구입한 제품에 대해 만족하는 부분, 불만을 느끼는 부분을 확인할 때에는 일단 "제품을 사용해 보니 어떠셨어요?"라고 먼저 묻는다. 처음으로 들려주는 의견이 불만에 대한 이야기인지, 만족하는 부분에 대한 이야기가 많은지에 관심이 있기 때문에 일단은 자유롭게 이야기하도록 유도하자.

그 후 만족하는 부분에 대해 "어떤 점 때문에 만족하시나요?"라고 묻고 만족하는 부분에 대한 전반적인 이야기를 들은 다음 "불만 사항이나 불편함을 느낀 적은 없나요?" 또는 "굳이 불만이나 불편한 부분을 이야기 한다면 뭐가 있을까요?"라며 불만을 느끼는 부분을 이야기하도록 한다.

때에 따라서는 "전체적으로 이 제품에 점수를 메긴다면 몇 점을 주시겠어요?"라고 묻는 경우도 있다. 100점 만점을 주는 경우는 거의 없으며, 많아야 90점에서 80점 정도를 주는 사람들이 대부분이다. 이런 사람들에게는 80점을 준 이유, 20점을 깎은 이유(아마도 사소한 불만이 있을 것이다)를 파헤쳐 나가면 된다. 이렇게 깊게 파고들면 '대체적으로 만족한다'고 말한 사람들에게서도 불만사항을 끌어낼 수 있다.

[포인트 4] 경쟁 제품에 대한 평가를 듣는다

경쟁 제품은 어디까지나 소비자(조사 대상자)가 구입 단계에서 의식한 제품에 불과하다. 제조사가 생각하고 있는 경쟁 제품과 소비자가 보는 경쟁 제품이 일치하는지 꼭 확인하도록 하자. 이 때 뜬금없이 경쟁 상품이라는 표현을 써서 질문을 하면 안 된다. 다양한 이야기를 듣는 과정에서 실제 구입 할 때 어떤 상품들과 비교 검토했는지 자연스레 알 수 있다. 소비자가 생각하는 경쟁 상품을 파악했다면 그 상품을 어떻게 생각하는지 물어보면 된다.

이 경우 "어째서 그 제품(경쟁 제품)으로 하지 않으셨어요?"라고 물으면 경쟁 제품의 약점에 대해 들을 수 있다. 또, "그 제품(경쟁 제품)을 살지 말지 고민했다는 말은 어딘가 마음에 드는 부분이 있어서인가요?"라고 라고 물으면 경쟁 제품의 강점과 매력 포인트를 파악할 수 있다.

향후 구입을 고려 중인 사람들에게도 "구입 전에 검토하거나 확인해 보려고 생각 중인 제품이 있나요?", "어떤 제품을 알고 계세요?"라고 물어보고 알고 있는 제품을 모두 열거한 다음 그 제품들의 그룹을 나누어 보도록 해 소비자가 보는 시장 전체의 상황을 파악한다. 시장에서 '제품 A와 제품 B를 같은 그룹'으로 분류하고 동일한 위치의 제품으로 규정했다면 이들 제품은 서로 경쟁하는 제품으로 생각할 수 있다.

이러한 포지셔닝 맵(positioning map, 비슷한 제품이나 브랜드 별로 그룹을 나누는 기법)을 대상자에게 작성하도록 해 분석에 활용한다.

[포인트 5] 다른 제품의 구입 의향 여부를 물어본다

지금까지 사용하던 제품을 쓰지 않고 다른 브랜드의 제품을 구입할 가능성에 대해 확인하는 경우에는 하기와 같이 두 단계로 나누어 묻는다.

- 현 단계에서 사용하고 있는 제품에 대한 불만 사항을 묻는다. 강한 불만을 느끼고 있을 때에는 다른 제품을 탐색할 가능성이 있다.

➲ "현재 사용하고 계시는 제품에 어느 정도 만족하십니까? 불만을 느끼시나요?"

- 현 단계에서 관심을 갖고 있는 타사 제품이 있는지 묻는다.

➲ "현재 사용하고 계시는 제품을 다 사용하고 나면 다음엔 어떤 제품을 구입할 생각인가요?"라고 물어 또 다시 동일 제품을 구입할 생각인지, 아니면 다른 제품도 고려 중인지 확인할 수 있다.

브랜드에 대해 필자 경험 상 사람들은 "브랜드는 뭐가 됐든 딱히 상관없어요. 기능만 좋다면……"이라고 말한다. 하지만 이 말을 그대로 받아들이면 안 된다. 본인은 인정하기 싫겠지만 브랜드에 대한 애착과 신뢰감을 느끼고 있는 경우가 많기 때문이다. 따라서 특히 소비재의 경우에는 "브랜드는 뭐가 됐든 상관없는데……"라는 대답이 나오더라도 정말 어느 브랜드든 상관 없다고 생각하고 있는지 확인하도록 하자.

이를 확인하는 방법은 "다음 번에 뭘로 사고 싶은 가요? 그건 무엇 때문에 그런 가요?"라고 물어보면 알 수 있다. 확고한 기능적인 베네핏이 없는데도 불구하고 선택할 경우에는 현재 사용하고 있는 브랜드에 대해 애착이나 신뢰를 느끼고 있는 경우로 생각할 수 있다. 이는 납득할 만한 이유가 없다면 애착이나 신뢰를 초월해 다른 상품으로 갈아타기 어렵기 때문이다. 이럴 경우에는 애착이나 신뢰를 초월할 수 있는 감정적 베네핏이 필요하다(제 1장 감기약 사례 참조).

[포인트 6] 제품을 사용하지 않는 이유를 물어본다

비사용자에게 제품을 사용하지 않는 이유를 묻기란 어렵다. 사용하는 이유는 의식하고 있는 경우가 많지만, 애당초 사용하지 않는 이유는 생각조차 하지 않는 경우가 대부분이기 때문이다. 그래서 "어째서 지금까지 여러분은 한 번도 ○○를 써 본 적이 없을까요?"라고 최종적으로 확인하는 작업이 필요하긴 하지만, 처음부터 포괄적인 질문을 하는 것이 아니라 일단 조금 넓은 시각에서 제품에 관련된 문제 의식의 유무를 살피는 방향으로 질문을 해 나간다.

제 1장에서 소개한 감기약 사례에서 본 바와 같이 형식적인 질문으로는 '지금 사용 중인 제품 이외의 감기약은 필요 없다'로 조사가 끝나고 마는 경우가 부지기수다. 그럴 때에는 "먼저 감기에 걸렸을 때의 대처법을 알려주세요" 혹은 "감기에 걸렸을 때 감정적인 면에서 무엇이 걱정되나요?" 등 제품과 한 발자국 떨어져 '감기에 걸렸을 때의 기분이나 심리적 갈등'에 대한 이야기부터 물어보면 좋을 것이다.

그런 다음 알고 있는 감기약, 약국에서 감기약을 선택하는 방법, TV광고를 보고 인상에 남아 기억하고 있는 감기약 등 구입 상황과 정보원을 물어본다. 각 상황에서 사용하는 브랜드와 사용하지 않는 브랜드에 어떤 차이가 있는지를 확인한다(TV 광고의 영향, 어머니가 늘 구입했던 약이기 때문에 안심, 약국의 추천, 가격 등)

이렇게 함으로써 지금까지 사용한 적이 없는 감기약에 대해 부정적인 인상을 갖고 있기 때문이 아니라 익숙함과 마음을 놓을 수 있다는 점 때문에 사용하고 있을 뿐이라는 사실을 알 수 있다.

결국 써 본 적이 없는 제품의 매력을 확실히 전달할 수만 있다면 브랜드 교체의 가능성이 아예 없는 게 아니라는 점을 추측해 볼 수 있다.

[포인트 7] 주절거리기 식의 코멘트로 유도한다

의식을 단도직입적인 질문으로 끌어 내기란 여간 어려운 일이 아니다. 상대방이 반감이나 거부감을 드러내거나 혐오하는 눈빛으로 바라볼 수도 있다. 타인에 의해 본인의 의식 깊은 곳까지 파헤쳐지는 일은 썩 유쾌하지 않을 것이다.

그렇기 때문에 캐묻기보다는 대화의 흐름 속에서 자연스럽게 깨닫도록 해 이를 조사 대상자가 말로 표현하도록 만드는 것이 바람직하다.

여러 질문과 대답을 주고 받으며 대상자의 제품에 대한 태도와 만족도가 명확해 지고 어째서 이 제품을 사용하는지, 어째서 이 제품을 사용하지 않는지를 물어보다 보면 그 사람을 움직이게 만들고 있는 가치관이나 욕구를 추측할 수 있게 된다. 의식 속에 있는 가치관이나 욕구가 선명히 드러나면 일부러 의식에 대해 질문을 할 필요가 없다. 대상자가 "저는 사실은 ○○라서 이 제품을 쓰고 있어요. 그런데 좀 더 XXX하다면 다른 제품을 쓸지도 모르겠어요"라며 깨달은 듯한 발언을 한다면 금상첨화다.

이런 힌트를 좀처럼 얻기 힘들 때는 의문형 질문이 아니라, 중얼거리는 듯한 '주절거리기 식' 발언으로 응수해 보자.

인터뷰어: 신기하네요. 바쁠 때 진한 맛의 아이스크림이 먹고 싶어 진다...
('왜 먹고 싶어지는 걸까요?'라고 묻는 대신에)

조사 대상자: 신기하죠, 정말로. 생각해보면 왠지 바빠지면 먹고 싶어져요.

인터뷰어: 바쁘면 그런가요......? 한가할 때는 그렇지 않은 가요?

조사 대상자: 어쩐지 기분이 축 쳐진다고 할까요. 제 자신에게 응석을 부리는 느낌이랄까요.

인터뷰어: 그렇군요. 응석을 부리는 느낌이군요.

조사 대상자: 네, 맞아요. '그래 그래 나도 애쓰고 있잖아'같은 그런 느낌이요.

인터뷰 가이드 라인을 만든다
- 묻고 싶은 질문의 우선 순위 파악

질문 항목, 질문 방법, 시간 배분을 정리한다

인터뷰 가이드란 '어떤 시간 분배로 무엇을 어떻게 묻는가에 대해 시계열(Time Series)에 따라 질문 항목의 흐름을 정리한 것'이다.

반드시 이 인터뷰 가이드대로 인터뷰가 진행되는 것은 아니지만, 통상적으로 포커스 그룹 인터뷰에서는 고객사(조사 의뢰주)가 조사를 통해 밝혀내고자 하는 내용이 제대로 포함되어 있는지 확인하고 조율하기 위해서라도 필수적으로 인터뷰 가이드를 작성해야 한다.

이번 장에서는 인터뷰 가이드를 작성하는데 있어 어떤 점에 유의해야하는지에 대해 간단히 설명하고자 한다.

앵커링(anchoring) - '도입부'가 '후반부'에 영향을 미친다

사람은 처음 본 것이나 들은 것을 기준으로 삼아 나중에 본 것을 판단한다. 이 현상을 앵커링이라 부른다. 배에 '닻'이 있으면 그리 멀리까지 떠내려가지 않는 것처럼 사람도 이전에 본 것이나 경험한 것에 근거해 판단을 내린다. 예를 들어 주택을 구할 때 무의식 중에 자신이 자란 집이나 마음에 들어 오랫동안 거주했던 집을 기준으로 집을 구한다. 이게 바로 앵커링이다.

사람이 수많은 정보를 입수해 그들 모두를 이해하고 분석한 다음 판단을 내린다고는 단언할 수 없다. 일상의 제한된 시간 안에서 결론을 내리고 행동에 옮기는 경우가 일반적이기 때문에 지금까지의 경험치 또는 사전에 갖고 있던 정보에 기반해 예측한 다음 결론을 내리는 것이 현실적이다. 이 방법을 쓰지 않으면 모든 세상사를 처리해 나가기 어렵다. 이처럼 경험에 기반해 예측하고 정보를 처리하더라도 대부분의 경우는 합리적인 판단이 가능하기 때문에 무의식 중에 앵커링이 작용하는 것이다. 이는 인간이 일상생활 속에서 일어난 사건 사고를 신속하게 처리하며 현실 세계를 살아 나가기 위한 지혜라고도 할 수 있다.

가령 학습하는 인공지능을 갖추지 못한 원시적인 로봇에게 어느 집에 들어가 달걀을 찾아 가지고 오라는 지령을 내렸다고 해보자. 로봇은 신발장, 서랍장, 옷장, 책상 서랍, 책장 등 집 안 전체를 샅샅이 뒤지려 할 것이다. 하지만 인간이라면 설령 어린아이일지라도 달걀을 찾을 때는 일단 부엌에서 찾으면 된다는 예측을 할 것이다.

이는 로봇의 정보처리를 담당하는 부분에 현관, 침실, 서재 등은 찾지 않아도 된다는 지령을 입력해두지 않아 모두를 찾도록 되어 있었기 때문이다. 이것이 로봇의 정보처리와 인간의 경험치에 따른 판단의 차이라 할 수 있다.

하지만 달걀은 냉장고나 부엌을 찾으면 된다는 생각이 반대로 고정관념(고착화)으로 작용해 욕실이나 서재 등 생각치도 못했던 곳에 달걀을 두었을 경우에는 찾지 못하게 되기도 한다. 사람의 정보 처리는 판단과 추측을 신속하게 수행하는 반면, 이례적인 상황에 대한 특수한 대처나 자유로운 사고를 저해하는 양날의 검과 같다.

대화의 서두에서 안경 이야기를 한 다음 특수한 미세 섬유 소재의 천을 보여주면 안경닦이로 그 천을 받아들일 것이다. 마찬가지로 서두에 세안 중에서도 특히 모공을 깨끗이 씻어내는 이야기를 하고 앞서 말한 섬유 소재 천을 보여주면 모공 세안 전용 극세사 클리너로 생각할 것이다. 이처럼 앞 부분에서 이야기한 내용이 뒷부분의 흐름을 결정짓게 된다.

질문의 우선 순위를 정한다

인터뷰 가이드 라인을 작성할 때에는 이 앵커링에 반드시 유의해야 한다. 시작 시점에서 미리 의견을 결정해 놓으면 그 결정에 얽매이게 되어 그에 맞지 않는 의견은 말하지 않게 된다. 이 때문에 논의하고자 하는 주제에 대해 최대한 순수한 조건 하에 이야기를 듣고 싶다면 그 주제를 인터뷰 전반부에서 다루어야 한다. 무엇을 질문할지 생각하고 질문의 우선순위를 정하자. 일반적으로는 영향이 적은 전반부에서 조사 대상자의 의식과 솔직한 소감을 듣고, 영향을 받아도 크게 지장이 없어 깊게 파고들어 확인할 사항은 인터뷰 후반에 진행한다.

[사례] 새로 컴퓨터를 구입한 사람에게 무엇을 먼저 물어볼 것인가?

예를 들어 새로 컴퓨터를 구입한 사람들을 대상으로 포커스 그룹 인터뷰를 진행한다고 가정해 보자. [도표 5-2]의 두가지 예를 비교하면 어떤 차이가 나타날까?

도표 5-2. 신규 컴퓨터 구입자에 대한 질문 순서

	질문 1		질문 2
[패턴 1]	구입 이유	→	컴퓨터 제조사에 대한 기업 이미지
[패턴 2]	컴퓨터 제조사에 대한 기업 이미지	→	구입 이유

패턴1은 조사 대상자들이 각각 본인이 왜 그 컴퓨터로 결정했는지에 대한 이유를 먼저 말하게 되기 때문에 당연히 다른 대상자들이 선택한 제조사의 이름을 듣게 된다. 제조사 이름을 들은 후에 제조사에 대한 이미지를 이야기 해야 되기 때문에 본인이 좋지 않은 이미지를 갖고 있는 제조사를 다른 사람이 매우 마음에 들어 구입했다면 부정적인 이미지를 말하기 어려워 진다. 또한 본인이 선택한 제조사의 이미지를 다른 사람 앞에서는 평소 생각보다 더 호의적으로 이야기할지도 모른다.

패턴2는 먼저 제조사에 대한 이미지를 이야기하고 그 후에 구입 이유를 말하도록 되어있다. 구입한 이유를 아직 듣지 않았기 때문에 누가 어떤 회사의 컴퓨터를 구입했는지 모른다. 덕분에 제조사에 대한 이미지를 보다 자연스러운 상태에서 들을 수 있다. 단, 선택한 이유를 말하게 되면 역시나 앞에서 말한 내용이 뒤에서 말할 내용에 영향을 주는 경우도 있다.

따라서 고객사가 우선 어떤 점을 우선적으로 알고 싶어하는지(이 경우라면 '자사의 브랜드 이미지인지?' '구입 이유인지?')를 확인한다. 이렇게 하면 저절로 순서가 결정된다.

한편, 지나치게 이런 바이어스를 신경을 쓰게 되면 확정적인 조사 플로우(flow)를 작성할 수 없게 되기 때문에 최소한 조사 담당자가 질문 내용을 모두 이해한 다음에 질문을 하면 된다. 나중에 분석을 할 때 이 의견은 바이어스가 있어서 이런 발언이 나왔다고 파악할 수 있으면 된다.

[사례] 시식 타이밍은 언제가 좋은가? - 아이스크림 조사

한가지 사례를 더 들어보자. 아이스크림에 관한 그룹 인터뷰를 진행한다고 가정해 보자.

목적은 리본(가명)이라는 아이스크림 브랜드가 검토 중인 새로운 맛에 대한 소비자 의견을 듣는 것이다. 아이디어는 총 세가지이고 시제품도 완성됐기 때문에 시제품의 맛 평가도 진행하길 희망하고 있다. 원래 10개였던 아이디어를 200명을 대상으로 실시한 정량조사 결과 3개로 추린 것인데, 만일의 사태에 대비해 아이디어의 수용성과 아이디어 선호도(1~3위), 이번 시제품에 대한 맛 평가와 개선점을 탐색해 보고자 한다.

이런 상황에서 당신이라면 어떻게 질문을 해 나갈 것인가? [도표 5-3] 도표의 빈 칸에 대략적인 플로우라도 상관없으니 생각한 후 기입해 보자.

도표 5-3. 인터뷰 플로우를 정리한다.

답이 하나로 정해져 있는 것은 아니지만, 필자라면 다음과 같이 구성하겠다.

1. 처음에 워밍업 (Warming up)
2. 그 다음에 가상의 브랜드 '리본'이 기본적으로 어떻게 받아들여지고 있는지 확인(여기서는 이미 이전 조사에서 얻은 데이터가 있다면 이 부분은 생략해도 된다)
3. 다음 섹션에서는 아이스크림의 아이디어 평가
4. 그 다음에 시식
5. 마지막으로 종합 평가를 진행한다(도표 5-4).

아이디어 단계에서는 아이디어에 대해서만 집중적으로 이야기 하여, 최대한 개념을 평가할 수 있도록 하자. 이어 모든 아이디어 평가가 종료된 다음에 시제품 평가(시식)로 넘어간다. 3개의 안(P, Q, R)을 먼저 단독으로 평가한 뒤, 그 후에 3개의 아이디어(콘셉트 안)를 비교하도록 하자.

가령 아이디어1→ 시식1, 아이디어2→ 시식2......의 순서로 진행하는 플로우도 있을 수 있지만, 인터뷰의 목적이 아이디어 단계에서 어떤 안이 좋은지를 파악하는 데에 있다면 아이디어를 먼저 전부 보여준 다음에 시식을 진행하는 편이 아이디어에 대한 평가를 더 쉽게 알 수 있다. 이렇게 하면 아이디어가 좋더라도 우연히 시제품의 맛이 좋지 않아 아이디어 평가까지 덩달아 떨어지는 혼란을 줄일 수 있다. 아이디어가 좋았는데 맛을 봤더니 이상하게 평가가 낮을 경우에는 어디를 어떻게 개선하면 좋을지 구체적으로 물어본다.

도표 5-4. 아이스크림에 관한 인터뷰 가이드

<table>
<tr><th>분</th><th>질문 사항</th><th>분석 포인트/
주의사항</th></tr>
<tr><td>15/15</td><td>워밍업 (Warming up)
▶ 인사, 사전 양해(비디오 촬영 양해 부탁, 비밀유지의 의무, 좌담회의 성격 등)
· 자기 소개(성명, 가족 구성, 좋아하는 활동, 취미 등)
· 평소 집에서 자주 먹는 아이스크림 (브랜드를 구체적으로 열거)</td><td></td></tr>
<tr><td>15/30</td><td>1. 아이스크림 브랜드 '리본'에 대해
1) "당신은 '리본' 아이스크림이라고 하면 어떤 말이 떠오르나요?"
자유롭게 생각해 이야기하도록 한다.
2) "당신은 '리본'을 먹을 때 어떤 기분이 드나요?"
호사를 누리는 기분, 휴식, 힐링, 여유, 행복 등 말로 표현하도록 한다.
3) "만약 '리본'이 내일부터 사라진다면? 어떻게 하겠어요? 어떤 기분이 들까요?"
다른 제품을 살 생각인가? 그렇다면 그 제품은 무엇인가? 무슨 이유로 그 제품을 선택할까? 등</td><td>브랜드가 조사 대상자들에게 어떤 존재인지를 명확하게 밝힌다.

브랜드의 가치는 어디에 있는가?</td></tr>
<tr><td>45/75</td><td>2. 신제품 아이스크림의 아이디어(콘셉트 안)에 대해
"그럼 지금부터 브랜드 '리본'의 새로운 아이스크림 아이디어를 보여드리겠습니다. 설명을 읽어 보신 후 소감을 들어볼 텐데요, 머릿속에 드는 생각을 아무거나 다 말씀해 주세요. 문장은 광고에서 쓰이는 카피 문구가 아닙니다. 표현이 아니라 이런 아이스크림이 있다면 어떨지에 대한 생각을 들려주세요"</td><td>아이디어 단계에서는 수용 가능한지, 관심을 갖을지에 대해 확인</td></tr>
</table>

분	질문 사항	분석 포인트/ 주의사항
	P안 [ ] Q안 [ ] R안 [ ] 그룹별로 순서를 바꾼다	3개 중 무엇을 가장 선호하는 지도 체크
	개별 평가: 최초 안을 제시 ① 첫인상(모두에게 가볍게 묻는다) ② "이런 아이스크림이 있다면 어떤 맛이 날 거 같아요? 그 이유는 뭔 가요?" ③ "이런 아이스크림이 있다면 어떤 때 먹고 싶어 질까요? 그 이유는 뭔 가요?" ④ "어떤 사람이 좋아할 것 같나요? 거기에 귀하도 포함되나요?", "브랜드 '리본'에 맞다고 생각 하나요? 그렇게 생각한 이유는 무엇인가요?" ⑤ "귀하도 먹어보고 싶은 생각이 드나요?" ⑥ "사고 싶은 가요?" ⑦ "가격이 얼마라면 살 거 같나요? 이상의 질문을 돌아가며 3개의 안에 대해 물어본다. **비교 평가** ① "어느 것이 가장 마음에 드나요? 그 이유는 무엇인가요?" ② "어느 것이 가장 맛있나요? 그 이유는 무엇인가요?" ③ "어느 것이 가장 '리본'이라는 브랜드와 잘 맞나요?" 그 이유는 무엇인가요? ④ "종합적으로 귀하가 가장 구입하고 싶은 아이디어는 어느 것인가요? 그 이유는 무엇인가요?"	해당 컨셉이 '리본' 브랜드에 적합한가?

분	질문 사항	분석 포인트/주의사항
	3. 시식	
30/105	▶ 물과 시식용 제품을 각자에게 나눠준다. 평가 용지도 배포 "먼저 주위 분들과 말씀을 나누지 마시고 드신 후 평가 시트에 기입해 주세요. 기입이 끝나면 다 같이 이야기를 나누도록 하겠습니다" ▶ 평가 시트는 이야기 시작 전에 회수한다 ① 첫인상(모두에게 가볍게 묻는다) 왜 그렇게 생각하는가? ② 마음에 드는 점, 마음에 들지 않는 점 → 이유 ③ 방금 전 설명을 읽었을 때의 인상과 일치하나? 일치한다 → 왜 그렇게 생각하나? 일치하지 않음 → 어느 부분이 다른가? ④ 개선이 필요해 보이는 부분의 유무 체크, 구체적으로 어떻게 개선하면 좋은가? ⑤ 단맛에 대해 단맛은 적당한가? 불만 유무 체크 무엇과 비교해 그렇게 생각했나? 상기 질문을 돌아가며 3개의 안에 한다	
15/120	**4. 비교 평가** ① "어느 것이 가장 마음에 들었나요? 그 이유는 무엇인가요?" ② "방금 전 아이디어에서 1등으로 평가한 것과 동일한가요? 다른가요?" ③ "달라진 분은 왜 그런 건가요?"	선호하는 아이디어와 지금까지 구입해왔던 브랜드 '리본'의 아이템을 비교했을 때의 매력도를 확인

분	질문 사항	분석 포인트/ 주의사항
	④ "아이디어는 좋았는데 이번에 시식해보니 맛이 별로였던 제품이 있었나요?" ⑤ "아이디어에는 매력을 느끼지 못했는데 테스트용을 먹어보니 마음에 든 제품이 있었나요?" ⑥ "어떤 것을 가장 구입해 보고 싶나요? 어느 정도 구입해보고 싶나요?" ⑦ "1등으로 선택한 것과 지금까지 구입해 왔던 '리본'의 좋아하는 맛(최다 구입 아이템) 중 어느 쪽이 마음에 드나요? 그 이유는 무엇인가요?	

포커스 그룹 인터뷰에서는 대략 2시간에 걸쳐 1그룹을 진행한다. 가끔 3시간 동안 진행하는 경우도 있지만 일반적으로는 2시간 동안 진행하는 경우가 많다. 사람의 집중력이 대략 2시간까지 유지된다고 판단하기 때문이다.

이번에는 주요 목적인 3개의 맛에 대한 아이디어 평가와 비교 평가에 45분, 시식에 3분, 시식 후의 비교 평가에 15분을 할당해 이들 섹션을 총 1시간 30분으로 설정했다. 여기에 워밍 업을 최소 15분 동안 진행하기 때문에 "브랜드 '리본'에 대해서"는 15분밖에 사용하지 못한다. 이처럼 시간 배정까지도 어느 정도 확정해 둔다. 계획은 어디까지나 계획일 뿐 현실적으로는 시간을 초과하게 되기 마련이다. 종료시간은 조사 대상자 때문에라도 시간을 초과할 수 없다. 따라서 우선순위를 고려해 중요한 부분이 예정된 시간 안에 진행 될 수 있도록 배려하자.

포괄적인 질문으로 시작해 점차구체적인 질문으로 - 첫인상을 반드시 물어보자

처음부터 "단맛이 거슬리나요?"는 NG

질문의 기본은 먼저 전체적인 인상부터 이야기를 듣고 서서히 구체적인 질문으로 들어가는 것이라 할 수 있다. 조사 대상자 머리 속에 무엇이 들어 있는지 모르기 때문에 먼저 그 내용부터 확인한다. 그런 다음 궁금했던 사항에 대해 깊게 들어가는 것이 좋다.

[사례] 아이스크림 시식 조사

예를 들어 아이스크림에 관한 조사 중 시식 후 첫인상을 물어볼 때, 전체적인 인상에 대한 대략적인 이야기를 듣기도 전에 성급하게 구체적인 질문을 절대 해서는 안 된다. 시제품 담당자가 단맛에 대해 굉장히 궁금해하고 있다 하더라도 "단맛이 거슬리나요?"라고 묻게 되면 조사 대상자가 원래 의식하지 않았던 부분까지 의식을 유도하게 된다.

그래서 궁극적으로 단맛에 대한 의견을 확인하고 싶다 하더라도 먼저 대상자 모두에게 전체적인 인상부터 묻도록 하자(전문용어로 이를 '비 보조 질문(Unaided Question) 하에 묻기', '자발적 응답'이라고 한다). 단맛 이외에 클라이언트 측에서 꿈에도 걱정 하지 않았던 부분이 문제로 거론될 수도 있으며, 클라이언트 측에서 인지하지 못하고 있었던 장점이 숨어 있을 수도 있다. 그렇기 때문에 일단은 가설에 얽매이지 않고 자유롭게 첫 질문을 할 수 있도록 하자.

그런 다음에 누군가가 단맛에 대한 발언을 한다면 다른 사람들은 어떻게 생각하는지 단맛에 대해 구체적으로 질문하면 된다(전문 용어로는 이와 같이 비 보조 질문 환경에서 주제에 대한 발언이 나오든 그렇지 않든 최종적으로 파고 드는 질문을 수행하는 것을 '프로브(probe)한다'고 표현한다).

인터뷰어: 일단 시식하신 소감에 대해 어떤 의견이든 좋으니 말씀을 들어볼까요?

조사 대상자A: 음......저는 꽤 마음에 들어요. 또 먹고 싶다는 생각이 들었어요.

인터뷰어: 그래요? 그럼 B 씨는 어떠셨어요?

조사 대상자B: 저는 왠지 너무 맛이 진한 것 같아요. 이게 크리미 하잖아요.

인터뷰어: 그렇군요. 너무 맛이 진하다고 느끼셨군요. 그럼 C 씨는 어떠셨어요?

조사 대상자C: 저는 단맛이 좀......

인터뷰어: 좀 이란 건 무슨 뜻일까요?

조사 대상자C: 너무 달아서 저는......

인터뷰어: 그럼 D씨는요?

조사 대상자D: 뭐, 보통이예요. 근데 나중에 입 안에 남는 맛이, 그러니까 뒷맛이 조금 거슬려요.

인터뷰어: 그러세요? 알겠습니다. 그럼 이번에는 단맛에 대해서 구체적으로 여쭤보겠습니다. 단맛은 어떠셨나요? 방금 C 씨께서 너무 달다고 말씀하셨는데 이 점에 대해 다른 분들은 어떻게 생각하시나요?

이처럼 일단 대상자 전원에게 첫인상을 물어본 다음에 '단맛'이나 대상자들이 처음 문제 제기한 '진한 맛', '크리미함', '뒷맛'에 대해 구체적으로 프로브(probe)한다.

타인의 발언에 의한 영향을 피한다

조사 대상자가 그룹 인터뷰에서 이야기를 할 때는 처음으로 말문을 연 사람의 의견에 그 내용에 좌우되는 경우가 있다. 특히 맛과 같이 개인적인 취향과 관련된 이야기는 타인의 의견에 현혹되지 않고 본인의 의견을 말할 수 있도록 반복해서 독려해야 한다.

이렇게 하더라도 타인의 의견에 휩쓸릴 가능성이 있다. 이를 최대한 피하기 위해 시식 후 간단하게 나마 자기 기입 형식 설문지를 통해 대략적인 의견을 받아 두는 방법을 활용해도 좋다. 이렇게 하면 이후에 이어지는 인터뷰에서 타인의 의견에 동조하여 영향을 받았는지 아닌지를 확인할 수 있다.

또한 사람은 자신이 아직 어떤 태도를 취할지 정하지 않은 단계(이 아이스크림이 마음에 드는지 아닌지 판단을 하지 않은 때)일 때는 다른 사람의 의견에 쉽게 휩쓸린다. 그러나 한 번 본인의 의견을 정하면(나는 맛있는 것 같다, 나는 맛없는 것 같다 등) 어느 정도 흔들림 없이 대답을 이어 나간다. 설문지에 대답을 기입함으로써 어느 정도 본인의 의견을 정하게 되기 때문에 타인의 영향을 적게 받는다.

질문을 던지는 방법의 기본
-'어째서?'에 대한 이유를 파헤친다

가능한 주관식으로 질문하자

묻고자 하는 항목에 대해 먼저 주관식 질문으로 시작하자. 주관식 질문이란, 선택사항을 제시하고 그 중 해당하는 것을 선택하도록 하는 객관식 질문과 달리 "○○에 대해 어떻게 생각하세요?", "○○의 전체적인 인상은 어땠나요?", "첫인상은 어떤 가요?" 등 자유롭게 이야기 할 수 있는 질문 형태이다.

시작 단계에서 이야기 하는 내용은 그 사람의 의식에 강렬하게 남아있는 내용이기 때문에 그 내용을 확인한 다음에 구체적인 내용으로 넘어간다. 특히 감각적인 부분, 감정적인 내용을 우선 듣고 싶다면 최대한 주관식 질문으로 진행해야 조사 대상자의 감정에 충실한 자유로운 대답을 들을 수 있다. 단, 주제에 따라 너무 막연한 주관식 질문보다는 어느 정도 내용을 제시하는 질문부터 시작하는 것이 좋은 경우도 있기 때문에 이는 상황에 맞추어 적절히 판단해 진행한다.

가령 투자 행위에 대한 의식을 탐색하는 인터뷰의 첫머리에서 대뜸 "투자에 대해 어떻게 생각하세요"라고 물으면 평소 투자를 하고 있는 사람에게서는 "투자는 저에게 경제활동을 넓히기 위한 체험입니다" 또는 "앞으로는 투자가 필수가 될 겁니다" 등의 대답이 나올테지만, 투자를 한 번도 해 본 적이 없는 사람은 대답하기 어렵다. 그런 사람에게는 대답하기 쉬운 객관식 질문을 건네 "투자 경험이 있나요?"라고 물으면 "없지만 현재 고려 중입니다", "무서워서 하고 싶지 않아요" 식으로 이야기가 흘러 감정적인 면의 의견을 들을 수 있다.

'장황'하고 '아는 척'하며 대답을 '유도'하는 질문은 바람직하지 않다

'장황한 질문', '자신의 지식을 뽐내는 질문', '대답을 유도하는 질문'은 바람직하지 않다. 인터뷰어는 어디까지나 조사 대상자의 대답을 이끌어내는 역할만 할 뿐이다.

"최근 정부의 연금제도를 믿을 수 없다는 소리도 나오고 있고 은행 금리도 낮기 때문에 미래를 생각해 리스크 부담을 지고 투자 신탁이나 주식, 외환 채권 등의 투자를 하는 젊은 분들이 상당히 많이 늘어났다고 하더군요. 귀하는 어떻게 생각하나요?"와 같은 질문은 너무 장황한데다 과도한 정보를 제공하고 있는 동시에 대답을 유도하고 있다. 질문을 받은 조사 대상자는 설령 본인이 투자에 관심이 없더라도 "관심이 없어요. 왜냐면 좀 귀찮아서"라는 대답을 입 밖으로 꺼내지 못하게 된다.

질문을 할 때는 조사 대상자가 '이 사람이 나에게서 어떤 대답을 원하나'라는 생각이 들지 않도록 하는 질문이 좋은 질문이다.

깊이 있게 파헤칠(dig down) 때에는 시점을 바꾸는 질문을 하자

첫인상에 대한 의견을 들은 다음 깊이 있는 질문을 진행하게 되는데 "어째서?"라는 물음에 대한 생각을 파헤치기 위해서는 아래와 같이 시점을 바꾸어 생각하게 하자.

[질문] **시점을 바꾸기 위한 질문**

· "그런 **생각**을 왜 하신거죠?"

➡ 일단 이 질문으로 시작하자

· "왜 그렇게 느꼈나요?"

➡ 느낌이라는 감각적인 단어를 사용해 **속마음**이 어떤지 묻는다

· "어떨 때 그렇게 느끼나요?"

➡ 구체적인 **상황**을 떠올리도록 한다

· "무엇을 보고 그런 인상을 받았나요?"

➡ 그렇게 느낀 **계기**나 **에피소드**를 물어본다

· "다른 말로 표현 가능한 단어가 있나요?

➡ 조사 대상자가 생각하는 진정한 **의미**를 물어본다

- "그것은 당신에게 어떤 가치가 있나요?'

  ➲ 본질적인 **가치**를 물어본다

지금까지 생각도 하지 않았던 내용을 묻는 경우도 많아 조사 대상자가 침묵하는 일도 발생할 것이고 대답이 전혀 나오지 않을 수도 있다. 그럴 때는 느긋이 기다려주자. 또한 시간에 제약이 있는 경우에 "그럼 생각이 나면 나중에라도 알려주세요"라고 말하고 다음 질문으로 넘어가는 대응이 필요할 수도 있다.

그럼에도 정성조사는 이 "어째서"를 확인하는 것이 큰 목적 중 하나이기 때문에 조사 대상자가 말한 의견의 '이유'는 들을 수 있는 범위 안에서 최대한 많이 듣도록 하자. 또한 "어째서?"에 대한 대답이란 수많은 사정으로 인해 말하기 어려운 때도 있다. 인터뷰어는 대답을 이끌어 내기 위해 질문을 할 때의 단어 사용에 유의할 필요가 있다. '어떤 단어를 사용해 질문할까(워딩, wording)'에 대해 사전에 인터뷰어가 준비해두면 좋을 것이다. 이렇게 해서 다각적이고 구체적인 '이유'를 밝혀 나간다.

이 때 인터뷰어는 종종 '알고 있다'고 생각하는 내용에 대해 '어째서' 그런지 질문을 하지 않게 된다는 점에 대해 주의해야 한다. 인터뷰어 본인이 알고 있는 내용이나 당연하다고 생각하는 내용일지라도 실제 조사 대상자는 전혀 다른 이유로 그렇게 생각하고 있는 경우가 있다. 그렇기 때문에 더욱 더 '이유'를 확인해야 한다.

이런 의미에서 인터뷰어 본인이 잘 모르는 분야일 때 '이유'에 대해 더 잘 들을 수 있다. 오히려 잘 알고 있다고 생각하는 분야의 주제일 때 '잘 알고 있다고 착각해' 나중에서야 그 때 좀 더 물어봤으면 좋았을텐데 라며 후회하는 경우도 있기 때문이다.

조사 대상자의 대답을 들은 다음 '이 대답에 대해 내가 '어째서' 그런지를 물어볼 필요가 있는지' 항상 자기 자신에게 물어봐야 한다.

오더 바이어스(order bias)에 주의하자 - 그룹별로 제시 순서를 바꾸자

순서에 따른 불리함이 존재한다

여러 개의 상품 콘셉트(아이디어), 광고 안, 시제품 등을 순서대로 보여주고 평가받는 경우에는 제시 순서에 따라 편향된 결과 즉, 오더 바이어스에 반드시 주의해야 한다. 아무래도 제일 처음에 본 것에 대해 부정적인 인상을 강하게 받는 경향이 있다. 사람은 무턱대고 처음부터 칭찬하려 들지 않는다. 처음에 본 것을 판단 기준(앵커링)으로 삼기 때문에 두 번째 것은 첫 번째에서 받았던 부정적인 부분이 사라졌다는 착각에 빠져 전보다 더 깊게 이해했다고 생각하게 된다. 그래서 이유를 불문하고 두 번째는 평가가 긍정적으로 바뀐다. 세 번째도 두 번째와 마찬가지로 유리하다. 네 번째 이후부터는 처음 본 것의 영향이 극히 적다.

[사례] 네가지 광고 안 비교

가령 언어 이외의 의미를 많이 내포한 비주얼 중심의 광고 안이 A안, B안, C안, D안 총 4개가 있다고 하자. 제일 먼저 제시한 A안은 무슨 말인지 모르겠다, 임팩트가 부족하다 등의 의견이 많았다. 두 번째로 제시한 B안은 비주얼의 의도를 파악한 덕분인지 이게 훨씬 낫다, 무슨 말인지 잘 알 수 있다 등의 의견이 많이 나온다.

그래서 다른 그룹에게 콘셉트를 제시할 때 순서를 바꿔 제시했더니 첫 번째로 보여준 B안에서는 잘 모르겠다던 내용이 두 번째로 보여준 A안에서 파악되어 A안의 평가가 좋아진다. 이 경우에는 광고 표현의 문제가 아니라 제시하는 순서의 문제라고 보면 된다.

여러 그룹을 대상으로 테스트 할 경우에는 이런 바이어스를 피하기 위해 제시 순서를 바꾸는 것이 바람직하다. 세 개의 그룹에 동일한 4개의 아이디어 안을 제시하고 평가 받는 조사라면 다음과 같이 3개의 로테이션 표를 작성해 제시하면 된다.

○ 오더 바이어스를 피할 수 있는 순서	✕ 오더 바이어스를 제공할 위험이 있는 순서
1그룹: A→B→C→D	1그룹: A→B→C→D
2그룹: B→C→D→A	2그룹: A→B→C→D
3그룹: C→D→A→B	3그룹: A→B→C→D

단, 포커스 그룹 인터뷰와 같은 정성조사의 목적은 엄밀한 의미에서의 숫자적 검증이 아니다. 숫자를 통한 평가 결과보다도 왜 그것을 좋아하는지와 함께 그 이면에 존재하는 이유를 탐색하는 것이 중요하다. 평가가 좋지 않더라도 그 이유를 들음으로써 개선 가능 여부를 파악할 수 있기 때문이다.

제6장

마음 놓고 이야기할 수 있게 하기 위해서는

인터뷰 시작 시에 조심해야 할 사항 - 사전 양해를 구한 후 인사를 건넨다.

시작 시에 전달해야 하는 여섯가지

인터뷰를 시작할 때는 대상자의 양해를 얻어야 하는 사항을 확실히 전달, 확인한 다음 인터뷰를 통해 대상자에게 기대하는 바에 대해 설명한다. 이 때에는 평이한 어휘를 사용해 공손하게 인사한다. 고압적인 단어를 사용하거나 사무적인 태도를 보이면 대상자에게 불쾌감을 줄 수 있다. 겸손한 태도로 대상자 모두를 보면서 이야기 하자. 이 때 반드시 전달해야 할 사항은 아래와 같다.

1. 인터뷰를 승낙해준데 대한 감사(인터뷰 장소까지 와준데 대한 감사)
2. 어떤 의견이든 좋으니 본인의 의견을 기탄없이 말해 주길 바란다는 점
3. 그룹 전체적으로 하나의 결론을 내리기 위한 자리가 아니라는 점
4. 질문에는 정답과 틀린 답이 없다는 점, 어떤 의견이든 말해도 된다는 점
5. 비밀유지의무를 철저히 지켜준다는 점
6. 대화 내용과 인터뷰 상황을 녹음, 녹화한다는 점

비밀유지의무는 신뢰 관계를 구축하기 위한 첫 걸음

한가지 인사 사례를 소개하자면 다음과 같다.

"오늘은 저희 좌담회에 바쁜데도 불구하고 참석해 주셔서 고맙습니다. 저는 사회를 맡은 △△입니다. 만나서 반갑습니다.

좌담회는 평소 여러분들이 느끼고 계신 생각을 다양한 각도에서 듣기 위한 자리 입니다. 여러분의 대답에는 정답도 틀린 답도 없습니다. 자신의 느낌대로 '나는 이렇게 생각한다'는 주관적인 의견을 구체적으로 기탄없이 말씀해 주시기 바랍니다.

또한 저와 기록 담당자는 이번 좌담회의 주제인 제품을 만드는 회사와 관련이 없습니다. 그렇기 때문에 어떤 의견이든 눈치 보실 필요없이 말씀해 주십시요. 오늘 좌담회의 내용은 모두 녹음과 녹화가 이루어집니다. 이는 보고서를 작성하기 위한 것일 뿐이고 여러분의 실명은 비공개로 보고가 이루어지기 때문에 신상이 공개되는 일은 없습니다. 비밀유지의무를 철저히 지키고 있으니 마음 놓으셔도 됩니다.

비밀유지의무는 인터뷰어와 조사 대상자의 신뢰 관계를 형성하는 대전제가 되기 때문에 반드시 좌담회 첫머리에서 약속해 두어야 한다. 인사를 통해 마음 놓고 말할 수 있는 분위기를 만드는 것도 매우 중요하다.

라포르(rapport)를 구축한다 - 조사 대상자와의 '신뢰 관계'를 만든다

워밍업을 위해

인터뷰에 참여한 대상자 중에는 인터뷰어와 만나는 게 처음인 사람이 많다. 거의 대부분의 경우 첫 대면에서 바로 마음을 열고 솔직한 이야기를 할 수 있는 사람은 극히 드물다.

라포르(rapport)란, 프랑스어로 임상심리학이나 질적연구의 대상이 되는 피험자와 관찰자 사이의 '신뢰 관계'를 의미한다. 임상심리학 현장에서는 카운셀러와 카운셀링을 받는 사람과의 사이에 신뢰 관계가 있고, 참여 관찰의 경우에는 피험자와 관찰자 사이에 합의 하에 신뢰 관계가 형성되어 있다고들 한다. 포커스 그룹 인터뷰에서 서로 좋은 첫인상을 가지고 이야기를 시작할 수 있도록 하기 위해 진행하는 워밍업을 '라포르를 구축한다'고 말한다.

이 라포르가 구축됐다고 판단할 수 있는 명확한 기준은 없지만 웃음이 터져 나오거나 지명하지 않더라도 자발적으로 이야기하는 분위기가 만들어지면 이런 상황에서는 인터뷰 준비가 다 된 것으로 본다. 처음 만나는 사이의 사람들은 서로 어떤 사람인지 탐색하고 견제하는 메커니즘이 작용하기 때문에 처음 10분 동안은 긴장감 있는 대화가 오고 가게 된다. 그 후 관심 있는 주제에 대해 이야기가 진행될수록 긴장감이 서서히 풀리게 된다. 적어도 10분 동안은 워밍업 차원에서 자기소개 시간을 갖는 등 편안한 화제로 대화를 나누는 게 좋다.

도입부에 적합한 화제거리는?

워밍업 시간을 갖는다고 하더라도 화제를 무엇으로 삼느냐가 어려운 문제다. 특히 남녀중학생이나 남자고등학생은 화제를 정하기가 굉장히 어려운 층이다. 필자는 이런 경우 일단 시작 전에 "잠시 후에 옆 사람을 대신 소개하는 시간을 가질 예정이니, 옆 자리 사람과 수다 좀 떨고 있어요"라고 말해 짝 지어 잡담을 나누도록 한다. 다른 사람에 대해 소개한다는 사실을 전제로 이야기를 나누게 해 우호적인 환경을 조성하는 것이다.

일반적으로는 첫머리에서 자기소개를 진행한다. 이 때 회사명, 학교명 등의 정보는 사전에 기입하도록 하여 다른 대상자들 앞에서는 굳이 이야기하지 않도록 지시한다. 이는 서로의 회사 이름이나 학교 이름을 말하면 서로를 견제하거나 회사나 학교 이름에 얽매인 발언밖에 할 수 없는 경우도 있기 때문이다.

워밍업을 할 때는 한 사람도 빠짐없이 참석자 전원이 이야기해야 한다는 점을 명심하자. 필자가 인터뷰어를 시작한지 얼마 되지 않은 무렵에는 질문으로 이미 머릿속이 꽉 차서 대상자가 의견을 말하고 있는 동안에도 필자가 해야할 다음 질문만을 생각하고 있었다. 이런 인터뷰어의 자세는 조사 대상자에게 그대로 전달되고 말았다. 그러나 몇 번의 경험을 더 하는 사이 이런 자세에서 조금씩 벗어날 수 있게 됐다. 이렇게 될 때까지 시간이 필요하긴 하지만 실패를 거듭함으로써 인터뷰 기술을 습득할 수 있게 된다. 한 번에 모든 걸 다 잘 하겠다고 의욕만 앞세우지 말고 일단은 시도해 보는 것이 숙련된 인터뷰어가 되는 첫 걸음이다.

‘발언을 듣고 있다’는 신호를 보낸다 - ‘이야기를 듣고 있다’고 생각하게 만들면서 질문한다

대상자를 말하고 싶도록 만든다

포커스 그룹 인터뷰에서는 인터뷰 대상자가 말하고 싶은 기분이 들어야 한다. 반드시 피해야 하는 상황은 인터뷰 대상자를 임의로 판단하는 일이다. 이 사람의 판단이 옳다, 그르다, 이 사람의 소비 행동이 현명하다, 아니다 등의 식으로 판단하는 행위는 삼가기 바란다. 대상자에게 그 태도가 전해지면 실례가 되는 것은 물론이고 상대의 말하고자 하는 기분을 송두리째 앗아가기 때문이다.

인터뷰에서 중요한 역할을 하는 것이 ‘맞장구’다. ‘맞장구’란 발언자에게 ‘듣고 있다’는 자세를 전달하는 신호이다. 인터뷰어가 맞장구를 쳐주면 발언자는 ‘오호 내 얘기를 듣고 있구나’라고 생각하며 이야기를 계속한다.

유도 질문이 될 수 있는 ‘맞장구’나 가식적인 ‘지나친 맞장구’는 바람직하지 않지만, 너무 기계적인 ‘맞장구’도 말하고자 하는 마음을 없애 버린다. 균형 잡힌 맞장구를 치는 일은 어렵다. 쓸데 없이 말하기

보다는 말없이 고개를 끄덕이는 것만으로도 이야기를 듣고 있다는 신호가 자연스럽게 전달되는 경우도 많다.

대상자의 말을 그대로 반복하는 방법

'맞장구 치기'에서 중요한 포인트는 인터뷰 대상자가 자꾸 말하고 싶어지도록 발언 내용을 받아주어야 한다는 점과 동시에 발언을 유도하지 않으면서 제대로 듣고 있다는 태도를 전달하는 데 있다.

인터뷰 대상자는 당연히 인터뷰어의 반응을 보면서 대답을 하고 있기 때문에 인터뷰어가 대상자가 말한 내용을 평가하고 있는 듯한 태도를 보이면 인터뷰어가 기대하는 내용에 부합하는 대답만 하게 된다. 그렇기 때문에 인터뷰어는 어디까지나 적절히 포커 페이스(이것 역시 균형 잡기가 어렵다)를 유지하며 발언 내용을 들을 필요가 있다. 경우에 따라서는 알고 있어도 모르는 척 해야할 때도 있다. 그 중 하나가 인터뷰 대상자의 말을 '그대로 반복하는' 방법이다.

[사례] 테스트용 CF의 인상을 물어본다 - '흔한 CF'란?

예를 들어 테스트용 CF를 본 다음 한 조사 대상자가 다음과 같은 말을 했다고 하자.

[바람직한 사례]

조사 대상자: 왠지 흔히 보는 CF같아요.

인터뷰어: 그런가요? '흔한 CF' 말씀이신가요?

조사 대상자: 네, 어디서나 볼 수 있을 법한...... 스토리가 있고 마지막까지 어느 회사 CF인지 알 수 없는 부분도 그렇고 모델도 다른 CF에 나오는 사람이고......

인터뷰어: 그런가요? 그 밖에 다른 인상은 없나요?

조사 대상자: 조금 눈에 걸리는 게......저 회사 로고가 나오는 부분인데요......

이처럼 인터뷰어가 대답의 방향을 지시하는 형태가 아니라 대상자의 말을 받아 주기만 한다. 그리고 그 외에 다른 게 없는지 독려한다. 반대로 바람직하지 않은 사례를 살펴보자.

[바람직하지 않은 사례]

조사 대상자: 왠지 흔히 보는 CF같아요.

인터뷰어: 그렇군요. 그럼 이 CF는 마음에 안 드나요?
흔한 CF라고 느낀 건 뭘 보고 느낀거죠?
예를 들어 영상인가요?

처음부터 '그렇군요'라고 받아 치면 조사 대상자의 의견을 더욱 강화시키는 꼴이 되고 만다. 게다가 "그럼 이 CF는 마음에 안 드나요?"라는 발언은 대답을 정해준 것과 진배없어 '흔히 보는 CF지만 내 마음에 드는 CF'라고 말할 가능성을 배제시켜 버리고 만다. 그리고 "예를 들어 영상인가요?"라고 물어보는 것도 대상자의 다음 발언을 유도하는 바이어스를 제공하는 질문이 된다.

다소 딴청을 부리는 듯한 느낌을 주더라도 '같은 말'을 반복해 상대가 점 점 더 이야기하고 싶어지도록 만들자. 조사 대상자도 이야기를 하면서 동시에 생각하고 있기 때문에 이 부분을 파헤쳐 나가야 한다. 인터뷰어의 의견을 표명하는 것이 아니라 조사 대상자의 의견을 듣는 일이 중요하다

대상자의 말을 재정의하도록 하는 방법

일상 대화에서 사용하는 '구어'는 언어적 표현이 '애매모호'하다. '애매모호'하다기 보다 하나의 단어가 가진 의미를 여러 의미로 사용한다고 설명하는 편이 더 적절할지도 모르겠다. 어찌됐든 결론은 한정적인 의미로 단어를 사용하는 게 아니라는 뜻이다.

특히, 이야기하기 꺼려지는 내용일 때는 주변 사람들에게 의미 불명의 단어를 사용하는 경우도 있다. 정치인들이 하는 의미가 불분명한 답변처럼 서두가 길어질 때에는 그 안에 '변명'이 섞여 있기도 하다.

반대로 이야기를 듣는 사람에게 자신의 생각이 확실히 전달되기를 바랄 때에는 사용하는 단어도 명료해 진다.

인터뷰에서도 대부분의 사람이 발언을 회피할 때 사용하는 단어

가 있다. 이를 요주의어라고 부르는데, 좋은 의미로도 나쁜 의미로도 쓰인다. 예를 들어 '심플'이라는 단어가 있다. '깔끔해 보여서 좋다'는 뉘앙스도 있지만, '조금 부족해 보인다'는 뉘앙스도 있다. 이러한 요주의어가 조사 대상자의 입에서 나올 경우 인터뷰어가 그 단어를 다른 단어로 바꿔 말하는 게 아니라, 말한 본인이 다른 단어로 바꾸어 다시 말하도록 해야 한다. 사람은 각자 본인만의 언어적 정의에 따라 단어를 사용하기 때문에 모두가 동일한 뜻으로 정의된 단어를 사용하는게 아니다. 따라서 표현을 '재정의'할 필요가 있는 것이다.

[사례] 시제품의 인상에 대해 묻는다 - '심플?' '스마트?

가령 조사 대상자에게 몇 개의 시제품을 보여줬다고 해보자. 그 때의 질문과 대답은 하기와 같다.

[바람직한 사례 1]

조사 대상자: 심플하네요.

인터뷰어: 심플하다.

조사 대상자: 네. 깔끔해 보여서 나쁘지 않아요. 그런데 조금 부족한 감이 있어요.

인터뷰어: 어느 부분이 부족해 보이나요?

조사 대상자: 뭐랄까...... 흔하달까.

인터뷰어: 흔하다는 건 무슨 의미인가요?

조사 대상자: 만 명이면 만 명 모두가 좋아할 만한 디자인, 조금 더 개성적이면 좋을텐데.

일단 '심플하다"고 대상자의 발언을 반복 한 다음 '어느 부분이 부족' 한지 구체적인 의미를 물어보고 '흔하다'는 말을 끌어낸다.

이쯤 되면 좋은 의미로 심플하다는 표현을 사용한 게 아니라는 사실을 알 수 있다. "흔하다는 건 무슨 의미인가요?"라고 재정의하도록 해 심플이라는 단어가 가진 뜻을 탐색하고 있다.

[바람직한 사례 2]

조사 대상자: 스마트한데요, 이거.

인터뷰어: 스마트한가요. 어떤 식으로요?

조사 대상자: 그러니까 세련됐고 기품이 있어요. 마음에 들어요.

인터뷰어: 그런가요? 그 밖에 또 없나요?

"스마트한가요. 어떤 식으로요?"라며 일단 대상자의 말을 반복하면서 재정의를 독려한다. 이 경우에는 스마트가 조사 대상자에 의해 '세련됐고 기품 있다'는 단어로 바뀌어 표현되었고, 이 점을 확인할 수 있었기 때문에 좋은 대답이라 할 수 있다. 스마트는 사람에 따라 현대적 또는 선진적이라는 의미로 사용되는 경우도 있고, 세련됐지만 인간미가 없다 등 부정적인 의미로 사용되는 경우도 있다. 성급하게 단어의 뜻을 해석하지 말고, 전체적인 상황을 관찰하면서 질문을 해야 한다.

[바람직하지 않은 사례 1]

조사 대상자: 심플하네요.

인터뷰어: 심플이란 말씀은 화려하지 않다는 뜻인가요?

조사 대상자: 네? 아니 그런 게 아니고 인상에 잘 남지 않아요.

인터뷰어: 그래요. 인상에 잘 남지 않는다는 말씀이시죠?

이 사례는 결론적으로는 요주의어가 의미하는 바를 끌어냈기 때문에 최악의 상황은 아니지만, 조사 대상자가 만약에 '화려하지 않은 걸로 받아들여도 상관없다'고 생각하고 넘어가 버리는 사람이라면 '인상에 남지 않는다'는 발언은 영영 들을 수 없었을 수도 있다. 이 때문에 재정의한 표현을 듣기 위해서는 신중을 기해야 한다.

[바람직하지 않은 사례 2]

조사 대상자: 스마트한데요, 이거.

인터뷰어: 멋있다는 뜻인가요?

조사 대상자: 음~ 멋있다고 할까...... 그래요, 뭐 그래요.

이번 사례에서는 스마트라는 단어에 대해 "멋있다는 뜻인가요?"라며 인터뷰어가 대답을 유도해 조사 대상자가 재정의한 표현을 끌어내지 못했다.

심플과 스마트를 예로 들어 설명했는데, 외래어는 말하는 사람에 따라 의미가 다양하게 사용되기 때문에 본인만 알 수 있는 의미로 사용되는 경우가 많다. 예를 들어 쿨, 네츄럴, 유니크, 캐주얼, 큐트, 고저스 등의 외래어는 의미를 확인하고 반드시 조사 대상자가 다른 단어를 사용해 재정의 하도록 해야 한다. 외래어를 사용해 부정적인 뉘앙스를 돌려 말하는 경우가 적지 않기 때문이다.

조사 대상자의 말을 조사 대상자에게 지속적으로 재정의하도록 함으로써 대상자가 이야기하는 말의 의미를 파악할 수 있게 된다. 포커스 그룹 인터뷰에서는 조사대상자가 어떤 뉘앙스로 말하고 있고 무엇을 암시하고 있으며 말하지 않은 부분이 무엇을 의미하는지를 밝혀 나가는 작업이 중요하기 때문에 외래어에 대해서는 주의 깊게 파헤쳐 나가야 한다. 또한 외래어 이외에도 젊은이들이 사용하는 신조어에도 주의가 필요하다.

가령 한 제품의 열혈 팬인 젊은이에게 신제품 샘플을 보여준다고 가정해 보자. '이거 위험한데요!'라고 말하는 젊은이에게 나도 모르게 "어디가 이상해요?"라고 물어봤는데, 젊은이들 표현으로 '위험하다'는 '매우 감동적이다. 굉장하다'라는 의미로 쓰이고 있다는 사실을 나중에 알게 됐다. 어느 세대에 속하느냐에 따라 단어가 갖는 의미가 달라진다는 사실에 주의하자.

보디 랭귀지도 '공감을 나타내는 기능'을 갖는다

보디 랭귀지(손짓, 몸짓)에 '맞장구 치는 기능'을 부여할 수 있다. 예를 들어 상대방의 눈을 지긋이 바라보기, 아무 말 없이 고개를 끄덕이기, 몸을 상대방 쪽으로 돌려 앉기, 메모 하기 등을 들 수 있다. 반대로 눈을 마주치지 않거나 몸을 상대방 쪽으로 돌리지 않으면 피하는 듯한 인상을 주기 때문에 주의하자. 또한 포커스 그룹 인터뷰에는 여러 명의 대상자가 참석하기 때문에 발언 내용을 메모하기가 어렵다. 기록만을 담당하는 사람을 동석하도록 해 스크립트를 작성하자. 하지만 중요한 발언, 키워드는 인터뷰 시간 내내 파헤쳐 내야하기 때문에 인터뷰어 본인도 메모를 해야한다. 인뎁스 인터뷰의 경우에도 반드시 인터뷰어 본인이 메모를 해야한다.

메모에 너무 집중한 나머지 상대방의 얼굴을 보지 않는 행동은 삼가야 한다. 반드시 메모가 필요한 구체적인 사항(사용 중인 제품명이나 사용 빈도)은 사전에 조사 대상자에게 설문지에 기입하도록 하여 설문지를 보면서 이야기를 진행하면 대화에 집중 할 수 있다. 특히, 인터뷰를 시작할 때는 메모보다는 제대로 조사 대상자의 눈을 보며 시작하도록 하자. 시작 단계에서 라포르 구축 여부가 결정되기 때문이다.

인터뷰 대상자의 말을 어떻게 받아 들일 것인가? - 부정적인 표현 안에도 가능성이 있다.

조사 결과를 있는 그대로 받아 들여서는 안된다

국내 시장에 진출하기 전에 실시한 인터뷰에서 참담한 결과를 받은 해외 제품이 실제 시장에 진출하자 예상 밖으로 히트를 쳐 스테디셀러 상품이 된 사례는 너무 많아 일일이 열거 할 수 없을 정도다.

이렇다 보니 정성조사 결과를 있는 그대로 받아들 일 수 없는 것이다. 인간은 보고 듣지 못한 상품이나 생각에 대해 일단은 부정적인 태도를 취한다. 자리가 자리인 만큼 좌담회에서는 이질적으로 보이지 않도록 무심결에 일반론적으로 생각해 자기 좋을 대로 생각하거나 부정적인 사람의 의견에 동조하기도 한다. 지금껏 들어 본 적이 없는 것이나 본 적이 없는 것에 대해 사람은 심리적인 장벽을 높이 쌓아 올린다.

'왜 부정적으로 받아들였는가?' 그 이유가 중요하다

이런 경향을 전제로 해 작성된 '비교 평가에서 평가가 나쁜 것에 주력해 이유를 찾아라'라는 실험적인 논문[7]도 있을 정도다. 부정적으로 평가 받은 것일수록 개선의 여지가 있다. 포커스 그룹 인터뷰에서 긍정적인 평가를 받은 상품들은 트집을 잡을 거리가 없어 좋은 평가를 받은 것으로 생각 되는 경우도 있고, 때에 따라서는 참신함 면에서 매력이 부족한 상품일 경우도 있다.

찬반양론이 분분하여 의견이 많이 나왔던 아이디어가 실제로 시장에 출시되자 임팩트 넘치는 참신한 생각으로 받아들여질 가능성도 있다.

인터뷰 후의 논의도 중요하다

이와 함께 인터뷰 종료 후의 디브리핑(사후 토론)에서 프로젝트 멤버들끼리 모여 정말 평가가 부정적이라 포기해야 하는건지 아니면 개선의 여지가 있는지 논의하는 일도 중요하다.

포커스 그룹 인터뷰라는 어떻게 보면 실험적인 자리에서 이루어지는 평가는 그 실시 횟수를 어느 정도 확보하지 않으면 어디까지 확대 해석과 축소 해석을 해도 되는지에 대한 '정도 조절'을 가늠하기 어렵다.

[7] Stinker Ideas Often Best Route to Most Creative Solutions (When you want the best ideas, ask for the worst) By Pete DePuslo, Glenn Livingston, and Sharon Livingston, Marketing News, March 4, 2002, p.49

이 감각적인 판단은 수많은 소비자와 인터뷰를 해 온 경험이 풍부한 인터뷰어와 함께 검토함으로써 타당한 시각을 얻을 수 있다. 서로 다른 분야의 상품을 다양하게 다루는 만큼 사람들의 편향된 발언과 강조하는 의견에 대한 경험이 풍부한 인터뷰어는 어느 정도 사정 기준(norm)을 갖고 있기 때문이다.

제7장

이야기하기 어려운 이미지를 캐내는 기법

언어화 되어있지 않은 이미지를 밝혀낸다
- 이미지를 언어화 하는 작업의 중요성

왜 이미지가 중요한 걸까?

사람은 몇 개의 개념, 사진, 그림, 영상, 체험, 스토리로 구성된 구체적이고 선명한 인상인 심상(즉, 이미지)을 가짐으로서 상황이나 인물, 세상사를 본인의 체험으로 인식한다. 사람의 소비행동도 이미지가 축적되어 이루어진다. 이미지라고 하면 실제 존재하는 것이 아니라 사람의 머리 속에 존재하는 것이기에 가벼운 것으로 치부하기 쉽다. 하지만 기업 이미지, 브랜드 이미지, 소비자 이미지는 마케팅에서는 빼 놓을 수 없는 부분이다. 기업이 의도한 기업 이미지, 브랜드 이미지, 소비자 이미지가 그 의도대로 받아 들여지고 있는지 아닌지를 파악하지 않고서는 마케팅 전략을 짤 수 없기 때문이다.

구체적으로 상세한 이미지를 탐색하기 위해서는 설문 조사 보다 인터뷰 조사가 더 적합하다.

개개인이 갖고 있는 고유한 이미지를 파헤친다

사과를 예로 들어 설명해 보자. 사과를 국어사전에서 찾아보면

'장미과의 낙엽 교목의 과실. 봄에 잎보다 먼저 하양 또는 연분홍 꽃이 가지 끝에 핌. 열매인 사과는 둥글고 시면서 단맛이 있음' (동아 새국어 사전, 제 4판)이라고 되어 있다.

하지만 개개인에게 사과는 이러한 사전적인 설명보다도 각자 사과에 대해 가지고 있는 고유한 이미지가 분명 있을 것이다. 맛, 향, 색깔 등에 더해 사과에 관련된 기억이나 체험, 추억, 이야기가 덧붙여져 사과의 이미지를 형성하고 있을 것이다. 경상북도 청송 출신인 사람은 사과라고 하면 '할머니'를 떠올릴 것이다. 그 사람에게 사과는 '고향', '향수'에 가까울지 모르겠다. 사과 과수원 경영자인 윤재철 씨에게 사과는 '태풍'으로부터 '소중히 지켜야할 대상'의 상징으로 '노동', '성과', '자녀' 등의 단어로 연결될 수도 있다(도표 7-1). 『백설공주』를 읽은 아이에게는 '독이 든' 과일로 기억되고 있을지도 모른다.

도표 7-1. 사과의 이미지

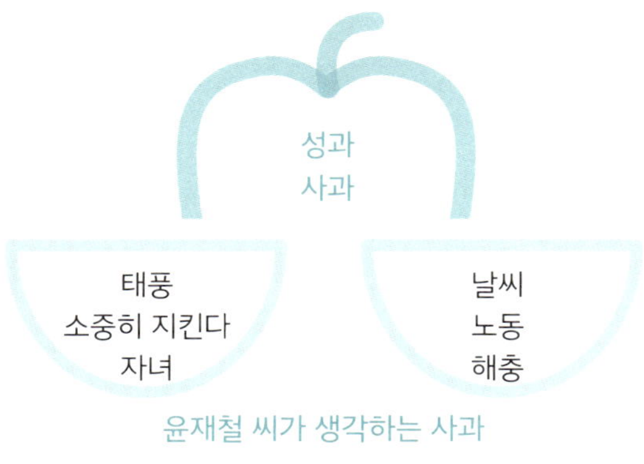

이처럼 사과와 관련된 기억이나 추억, 체험 그리고 이야기가 통합적으로 의식 안에서 어우러져 만들어진 것이 이미지라 할 수 있다.

윤재철 씨는 본인이 생각하는 사과의 이미지를 평소 말로 표현한 적이 거의 없을 것이다. 평상시 다른 사람들에게 말할 기회가 없으면 이미지는 언어화 되지 않는다. 따라서 인터뷰를 하면서 이런 이미지가 구체적으로 어떤 것인지 말로 표현하도록 해야 한다. 그리고 표현에 사용한 단어에 어떤 감정이 실려 있는지도 반드시 물어보아야 한다.

사과가 아닌 브랜드 이미지일 때도 마찬가지다.

도표 7-2. 브랜드 이미지

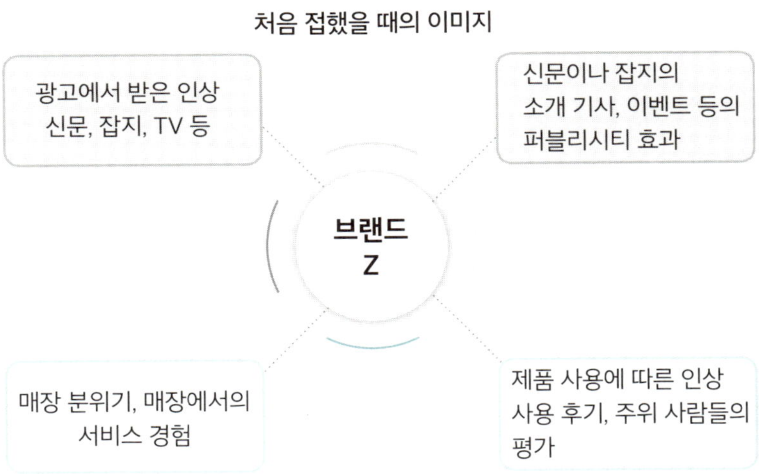

A 씨가 생각하는 브랜드 Z

사람에 따라 해당 브랜드와 처음 접했을 때의 첫인상이 강렬하게 남아 있는 사람도 있을 것이고, 제품을 사용했을 때의 긍정적인 인상 또는 반대로 부정적인 인상이 기저에 남아있는 사람도 있을 것이다.

또는 본인이 아닌 다른 사람의 사용 후기를 보고 형성된 이미지를 가진 사람, 매장 분위기나 디스플레이, 직원의 접객 태도나 서비스, 신문, 잡지, TV 등에서 본 광고에 대한 인상이 이미지로 형성되어 있는 사람도 있을 수 있다. 무엇이 작용하여 이미지가 형성되어 있는지를 한 사람 한 사람의 의식에서 얼만큼 끌어 낼 수 있는지가 관건이다.

언어화를 방해하는 세가지 요인

어째서 인간은 자기가 가지고 있는 이미지를 말로 표현하기(언어화)가 어려울까? 언어화가 불가능한 이유를 찾아내는 작업이 개개인의 의식에서 이미지를 끌어내는 첫 걸음이 된다. 그리고 아래 세 가지 요인에 따라 필요한 인터뷰 기술이 다르기 때문이다. 인터뷰어는 인터뷰 대상자가 어떤 요인 때문에 언어화가 불가능한지 판단하고 그에 맞는 인터뷰 기술을 구사하는 자세가 필요하다. 이미 제 2장에서 소개한 바와 같이 사람이 자기가 생각하고 있는 내용, 의견을 말로 표현하지 못하는 요인은 다음의 세가지라 할 수 있다.

[속마음을 말할 수 없는 요인 ①] **체면 차리기**

사람은 처음 만난 사람이나 잘 모르는 사람 앞에서는 자신을 꾸미려고 한다. 원래 자기 자신보다 더 부풀려 좋게 보이려고 한다.

[속마음을 말할 수 없는 요인 ②] **사회적인 역할에 의한 구속**

사람은 본인의 위치·사회적 역할 때문에 속마음을 말하면 주변 사람들에게 오해를 받을 거라는 생각이 들면 속내를 털어놓으려 하지 않는다. 파문을 부를 수 있는 발언을 자제해 사회적인 충돌을 피하려고 한다.

[속마음을 말할 수 없는 요인 ③] **암묵지**

사람은 반드시 말을 매개로 하지 않더라도 세상사를 인지, 이해할 수 있다.

조사 대상자가 어떤 요인에 의해 말로 표현을 하지 못하는지를 파악한 다음 그에 맞는 인터뷰 기술을 구사해야 하는데, 이 때 사용하는 기술은 아래와 같다. 기술에 대한 구체적인 설명은 다음 장에서 하겠다.

요인	대응하는 인터뷰 기법
1. 체면 차리기	**언어 초월** 유추하기(비유, 의인화법, 파티 엑서사이즈) **시공간 초월** 가정법
2. 사회적인 역할에 의한 구속	**입장 바꾸기** 역할극(Role playing) 기법
3. 말을 통하지 않고 이해하는 경우 암묵지를 언어화 하는 경우	**언어 초월** 유추하기(비유, 의인화법, 파티 엑서사이즈, 콜라주)

유추(analogy)를 사용한다 - 언어적 한계를 뛰어넘기 위해

비유를 이용한다

[사례] 온라인 숍을 신발에 비유하기

인터넷 쇼핑을 주제로 한 포커스 그룹 인터뷰를 진행한 적이 있다. 그때 "귀하가 자주 이용하는 온라인 숍X를 만약 내일부터 이용할 수 없게 된다면 어떤 기분이 들까요?"라고 물었다. 한 30대 여성이 '내 베개가 없어진 느낌'이라고 표현했다. 온라인 숍X를 '내 베개'에 비유해 직관적으로 표현한 그 여성은 그 후, 자기 베개 없이 여행을 떠났을 때의 기분, 집에 돌아와 오랜만에 자기 베개를 베고 누워 잠에 들 때의 평온함, 자기 머리에 딱 맞는 베개가 주는 안락함 등 자기 베개가 주는 감정과 그 비유의 의미를 설명해 주었다. 본인도 의식하지 못했던 순간에 직관적으로 입에서 튀어나온 베개라는 비유 표현을 통해 온라인 숍과 그 여성의 연결고리가 명확해 졌다.

한 발 더 나아가 다른 온라인 숍에 대해서도 비유를 사용해 표현하도록 해 각각의 온라인 숍에 대한 이미지를 탐색했다. 다른 인터뷰 대상자가 온라인 숍E는 '고무신', 온라인 숍F는 '스니커', 온라인 숍G는 '여성 직장인이 평소 신는 펌프스'라고 대답했다.

고무신이라고 비유했던 온라인 숍은 한국적인 이미지가 있지만 평상시에는 거의 신지 않는다는 의미였고, 스니커에 비유한 온라인 숍은 언제든지 부담없이 쓸 수 있어서 젊은이(20대)용, 본인에게 맞는다는 의미였다. '여성 직장인이 평소 신는 펌프스'라는 표현은 본인이 직장인이기 때문에 가능한 비유였다. 발이 잘 피곤해지지 않아 평상시 사용하고 있다는 의미로, 믿고 안심할 수 있으며 회사에도 신고 갈 수 있는 '말쑥한 느낌'이라는 이미지를 표현하고 있다. 즉, 믿을 수 없는 의심스러운 온라인 숍이 아니라 판매 실적도 있는 믿을 수 있는 이미지를 가지고 있다는 말이다.

"어째서 그런 비유를 했나요?"라고 이유를 묻는 과정에서 본인도 처음에는 의식하지 못했던 이미지가 표현되어 나온다.

도표 7-4. 유사점 찾기란?

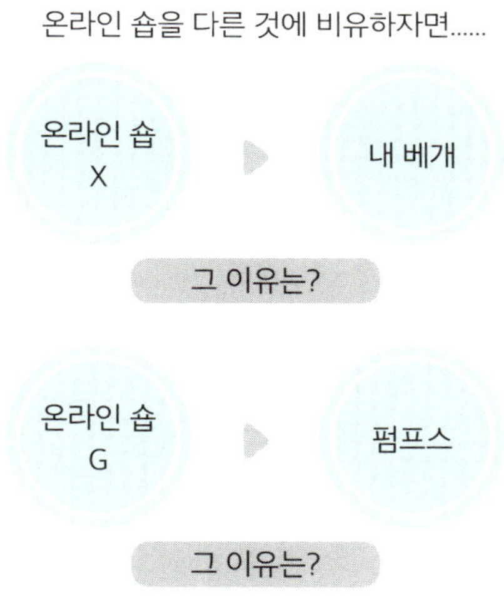

[사례] 자동차를 꽃에 비유하기

자동차에 관한 조사에서 브랜드를 꽃에 비유하도록 부탁한 적이 있다. 한 브랜드는 빨간 한 송이 장미였고, 다른 한 브랜드는 100송이의 빨간 장미라고 대답했다. 한 송이의 장미는 내가 아닌 그 누구라도 다 가질 수 있다. 그러나 100송이는 웬만해서는 살 수 없기 때문에 동경의 대상이라고 한다. 또한 어떤 한 브랜드는 카사블랑카(백합의 일종)라고 대답했다. 화려하고 향이 진해 금방 알 수 있어 존재감이 강하고 멀리서 봐도 한눈에 알아볼 수 있는 점이 닮았다고 이유를 설명했다.

이렇게 비유한 여성은 30대로 처음에는 "네? 비유를 하라고요?"라며 의아해했지만 서서히 상상력이 발휘되어 어느 순간 생각이 떠오른 다음에는 명확한 느낌을 확인하듯이 조금씩 그 이유를 설명해 주었다. 처음에는 세세한 부분을 생각해 '비유 대상'을 상상한 게 아니기 때문에 공통점은 본인도 자각하지 못 했다. 그런데 왜 그 비유를 했는지 설명하는 단계가 되자 본인이 의식했던 것 이상으로 공통점을 말로 표현할 수 있었다. 카사블랑카의 '향'이라는 이미지도 설명하는 단계에서 본인도 처음으로 자각했다고 한다.

유추의 효용

이처럼 비유를 사용해 먼저 비슷하다고 직관적으로 느끼는 것을 떠올리도록 하고 그것을 설명하도록 한다. 이 경우에 직관적으로 느끼는 부분에는 상품의 기능과 같은 실용적인 측면뿐만 아니라 자신의 기분이나 감정적인 면에서의 가치(즉 감정적 베네핏) 등 극히 개인적인 생각이 담긴 유사점이 숨어있다. 이 때문에 보다 개인적인 생각을 말하기 쉽다. 일반론을 말하며 도망치지 않고 '대상자가 느낀 점'

을 말하도록 유도하는데 효과적이다.

만약에 "귀하에게 ○○라는 브랜드는 어떤 의미가 있습니까?"라며 돌려 묻는다면 조사 대상자는 이론적인 대답을 우선적으로 할 수밖에 없다. 결론적으로 획일적이고 표면적인 대답만 얻게 되는 경우도 적지 않다.

비유를 이용한 방법의 토대에는 유추라는 개념이 있다. 유사점을 발견해 추론하고 결론을 내리는 방법은 사람이 어릴 때부터 자연스럽게 습득하는 것으로 알려져 있다.『비유법의 힘』(keith J. Holyoak/Paul Thagard 저, 스즈키 히로아키/가와하라 데쓰오 번역, 신요샤 출판, 1998년)은 유추가 사람의 모든 사고 과정에서 이용되고 있으며, 광범위한 분야에서 이용되고 있다고 적고 있다. 이는 인지심리학에서부터 비즈니스, 외교 정책, 교육, 법률, 언어학 등의 분야에까지 이른다고 한다.

유아기부터 이미 사람은 유추하기를 시작한다. 아이가 미지의 것을 이해할 때에는 기존에 알고 있는 것과 비슷한 것에 대입하여 이해한다. 예를 들어 이 책에서는 새가 느끼는 나무의 역할을 이해하기 위해 4살짜리 아이가 유추를 사용하는 사례를 소개하고 있다. 일단 아이는 새에게 나무는 인간에게 있어 의자와 같을 수도 있다고 생각했다. 하지만 아이는 한 단계 더 나아가 인간에게 있어 집과 같은 공간이 새 둥지라 한다면 나무는 둥지 밖에 있기 때문에 '나무는 새의 정원'이라고 이해한다.

이 사례에서 알 수 있듯이 4세 아이라 할지라도 형태나 겉모습이 전혀 다른 정원과 나무를 각각이 갖고 있는 기능적인 특징을 고려해 유사점을 발견하고 추론하여 이해하려 하고 있다.

유추는 아이 뿐만 아니라 성인에게도 중요한 발상의 도구이다. 발상에 그치지 않고 설명이나 설득의 방법으로 또는 문제 해결의 방법으로도 이용되고 있다고 저자는 설명하고 있다. 비지니스나 정치계의 의사결정이 필요한 상황에서도 동료와 여론의 동의를 얻기 위해 유추가 이용되어 왔다. 또한 과학 분야에서는 수많은 학자가 유추를 이용해 과학적 발견을 이루고 있다. 벨크로 테이프 일명 찍찍이 테이프는 '산우엉 가시'에서 유추하여 발명되었다. 발명자는 같이 사냥을 나간 개의 털에 붙어 떨어지지 않는 산우엉 가시를 보고 벨크로 테이프를 발명했다. 인간의 귀를 모델로 삼아 전달장치를 만들려고 마음 먹고 전화를 개발한 벨의 일화도 『비유법의 힘』에서 소개하고 있다.

의인화법을 이용한다

'인간에 비유'하는 의인화법도 매우 자주 사용되는 유추기법의 하나이다. 어른이든 아이든 머리가 아니라 직관적으로 이미지를 표현하도록 할 때 사용한다. 구체적으로는 아래와 같은 방법으로 사용할 수 있다.

① 구두로 “그걸 사람에 비유하면 어떤 사람이 될까요? 나이는? 성격은? 무슨 일을 하는 사람인가요?”등을 묻는다

② 종이에 사람을 그리고(동그라미와 선으로 대충 그린 완성도가 낮은 손그림 정도로 충분하다, 도표 7-5 참조) 그 옆에 성별, 나이, 성격, 취미, 좋아하는 운동 등의 항목을 기입하는 용지를 사전에 준비해 두고 인터뷰 대상자 전원에게 각자 기입하도록 한다. 기입이 종료되면 각자 작성한 내용을 발표하도록 한다.

도표 7-5. 의인화법 일러스트 사례

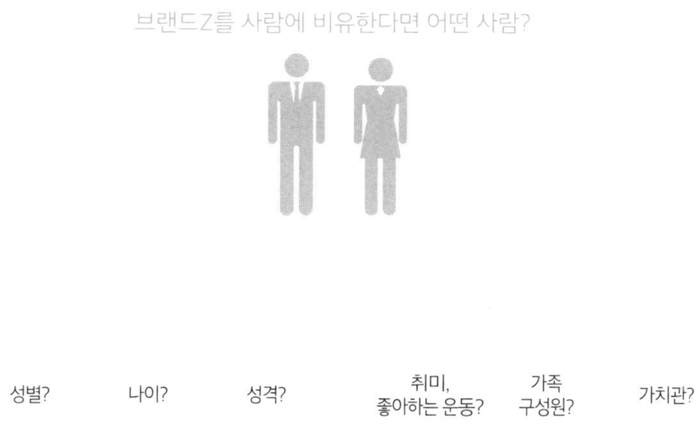

[사례] 스포츠 브랜드의 퍼스낼리티(personality)를 파헤친다

한 스포츠 브랜드에 대한 이미지를 여고생을 대상으로 탐색할 때 의인화법을 사용한 결과 한 걸음 더 나아간 깊이 있는 이미지에 대한 대답이 나왔다. 브랜드Q는 "밝고 만능 스포츠맨인 인기인이면서 휴일에도 자기계발을 할 것 같다. 그런데 운동이 젬병인 사람에게는 차갑게 굴 것 같다. 다정하지 않을 것 같다"고 대답한다. 믿음이 가는 브랜드지만 그 반면에 운동을 잘 못하는 사람, 운동신경이 좋지 않은 사람은 거리감을 느끼는 브랜드라는 사실을 엿볼 수 있었다. "브랜드S는 운동부 소속으로 매일 매일 연습밖에 모르는 남자 같은 인상. 땀을 뻘뻘 흘리고 무엇보다 이기는데 집착해 고지식하게 연습만 하고 있다'고 대답한다. 스포츠 브랜드로서 패셔너블한 이미지가 거의 없음을 알 수 있다. 이와 같이 의인화함으로써 브랜드의 퍼스낼리티 차이를 잘 알 수 있게 된다.

이번에는 유명한 IT관련 최첨단 기업의 이미지를 리쿠르트 대상이기도 한 이공계 학생에게 의인화법을 사용해 물렀다. "지도자 같은 이미지긴한데, 조금 다가가기 힘든 존재'라고 말한다. 주변사람(예를 들어 부모님, 상사, 동료 등)으로 치면 누구에 가까운지를 묻자 "리더십이 있는 선배와 비슷할지도......"라고 대답한다. 선배라서 못 본 척 할 수도 없고, 그 선배 때문에 여러 트러블이 발생하거나 곤란한 상황을 겪는다. 그러나 중심적인 존재이기 때문에 무시할 수는 없는 선배z와 같다는 것이다.

의인화한 다음 거리감을 느끼는 이유를 물어보면 일반론이 아니라 각 인터뷰 대상자의 구체적인 이미지에 대한 대답을 들을 수 있다.

[사례] 자동차를 '가공의 인물'에 비유하기

자동차의 브랜드 조사를 실시할 때 의인법을 사용한 결과 [도표 7-6]과 같은 브랜드 퍼스낼리티를 확인할 수 있었다.

도표 7-6. 수입차를 의인화한 사례

브랜드	연령	성별	직업, 취미, 라이프 스타일, 성격 등
수입 브랜드 A	40대	여성	전업주부, 지역 밀착형 라이프 스타일, 생활을 즐기고 있음, 친구가 많음, 타인을 포용할 줄 아는 너그러운 면이 있음, 꾸밈없고 욕심을 부리지 않음, 휴일에는 지인들과 산이나 바다에 가서 화기애애한 시간을 보냄.
수입 브랜드 B	30대	남성	그래픽 디자이너, 일도 열심히 하지만 노는데도 열심, 인생을 즐김, 언뜻 보면 온화해 보이지만 좋고 싫음이 확실함, 새로 생긴 데이트 장소는 반드시 체크하고 있음, 독신, 여자친구를 악세서리의 하나로 생각, 반려견과 함께 생활 중.
수입 브랜드 C	40대	남성	회사 간부, 빈틈 없음, 매사를 열심히 하는 경향이 있음, 고지식한 성격이라 응용력이 부족할 때가 있음, 취미는 골프, 본인에 대한 부인의 내조와 희생을 바람.
수입 브랜드 D	30대	남성	외국계 회사에 근무, 운동을 좋아함, 독신 혹은 기혼이더라도 자녀가 없음, 부인의 일에 간섭을 하지 않음, 언젠가는 가정을 꾸리고 싶어함.
수입 브랜드 E	30대	남성	국내회사의 직장인(영업), 건실하여 튀는 행동을 좋아하지 않음, 자세히 보면 고품질의 옷을 입고 있음.

이는 주부들을 대상으로 진행한 인터뷰로 각 수입차 브랜드를 사람에 비유하여 얻은 인물상이다. 이 때에는 모두에게 백지를 나누어 주고 내용을 기입하도록 했다.

화이트 보드에 연령, 성별, 직업, 취미, 가족구성원 등 인물에 대해 생각할 때 힌트가 되는 사항을 적어 둔다. 의인화 기법에서는 유명인 등 실존하는 인물을 기입하는 것이 아니라 상상 속의 인물을 적어야 한다는 점에 유의하자. 인터뷰 대상자들이 "유명인을 적어도 되나요?"라는 질문을 하는 경우가 많다. 유명인이 아니라 브랜드의 이미지를 가공의 인물에 비유할 수 있도록 하자.

자사 빌딩 엑서사이즈-'의인법' 못지않은 '의빌딩법'

경우에 따라서는 사람에 비유하는 방법 외에 건물에 비유하도록 하는 '자사 빌딩 엑서사이즈'라는 의인화법을 응용한 기법을 사용하기도 한다. 단순히 '기업의 이미지는?'이라고 묻는 것보다 구체적인 이미지를 탐색할 수 있다.

[사례] 외국계 IT기업의 이미지를 파헤친다

한 외국계 IT기업에 대해 다음과 같은 '이미지'를 갖고 있었다. 조사 대상자들에게 본사 건물을 상상하도록 부탁했다.

- 회사는 호수 옆에 위치해 있다.
  → 청정한 이미지, 친환경.
- 회사에 안내 데스크가 없다. 이 회사의 건물은 유리를 많이 사용한 빌딩이다.
  → 안내 데스크를 운영하지 않아 합리적. 유리를 많이 사용한 건물은 현대 건축 스타일로 즉, 새로 세워진 건물이란 점을 시사한다. 사업도 순풍에 돛 단 듯 진행되고 있다.

- 사원들은 비교적 눈치를 보지 않고 월차를 쓴다. 좋아하는 일을 할 수 있다.
  → 사원들이 일만 하는 것이 아니라 즐길 건 즐기면서 업무를 하고 있는 이미지. 회사 자체가 에너지가 넘치는 인상을 줌.

[사례] 학교에 비유하기

이번 경우에는 '학교 엑서사이즈'를 진행해 보았다. 여고생들에게 한 스포츠 브랜드가 학교를 세운다면 학교 건물을 어떻게 지을지, 어떤 교육 이념을 표방할지에 대해 생각해 보도록 했다.

- 학교 건물을 자주 리모델링해 항상 새 건물 상태를 유지한다.
  → 혁신적인 제품을 만들고 있다.
- '활기와 자립'이 학교의 교육이념
  → 조사 대상자들이 동경심을 갖고 있다.
- 교복이 예쁘다.
  → 패셔너블한 이미지가 있다.

파티 엑서사이즈 - 파티 참석자에 비유하기

의인화법의 응용 기법 중 또 하나로 '파티 엑서사이즈'가 있다. 먼저 여러 기업, 상품, 브랜드를 각각 사람으로 간주한다. 그리고 그런 사람들이 참석하는 파티가 열린다면 각각의 사람(각 브랜드)이 어떻게 파티를 즐길지 상상하도록 한다.

파티 엑서사이즈를 진행하는 목적은 소비자가 경쟁관계에 있는 기업이나 상품, 브랜드의 시장에서의 관계, 리더와 라이벌 관계에 대해 어떻게 받아들이고 있는지를 탐색하는데 있다.

작성한 보드를 보면서 질문한다

구체적인 진행방법은 다음과 같다. 먼저 브랜드명을 쓴 카드(브랜드 카드)를 준비한다. 그 카드를 대상자에게 백지 위에 붙이도록 하든가 아니면 스티로폼 보드에 압정을 사용해 꽂도록 한다. 이렇게 하면 그룹이 나누어진다. 각 그룹에 대해 질문해 나간다.

- 누가 누구와 사이가 좋은가? 무슨 이야기를 나누는가?
  (교집합을 알 수 있다)
- 누가 누구와 서로를 견제하며 이야기를 나누지 않는가?
  (경쟁관계를 알 수 있다)
- 누가 모두에게 인기가 있고 주목을 받고 있나?
  (업계 리더)
- 혼자 외톨이처럼 있는 사람은 누구?
  (특이한 포지션, 또는 고립무원 상태)

[도표 7-7]은 자동차에 대한 인터뷰에서 파티 엑서사이즈를 진행하며 나온 그림이다. 이 엑서사이즈를 진행 한 다음 왜 이렇게 그룹을 나누었는지 물었다.

G와 H는 서로 자기가 1등이라고 생각해 서로를 견제하고 있다. 파티에서 G는 혼자 있을 것 같다. 할 얘기가 있으면 상대방이 먼저 나에게 와라라고 말하는 듯한 분위기를 풍기고 있다고 한다. 정가운데 자리잡고 있는 브랜드W는 모든 그룹에 끼어서 이야기를 한다. 자신의 생각을 거의 갖고 있지 않기 때문에 누구에게라도 맞춰줄 수 있는 박쥐 같은 존재. 리더가 아니며 개성이 없는 존재라고 한다. 브래드W의 의인법 결과를 보면 이미지는 좋지도 나쁘지도 않고 정체성이 있는 브랜드가 아니었다.

I는 좋은 의미에서 개성이 있고 동경심을 불러 일으키는 브랜드였다. 색은 조금 달랐지만, K도 마찬가지로 보다 우아하고 고상한 여성이라는 이미지를 갖고 있어 I와 패션에 대해 이야기를 나눌 것 같다고 한다. 즉, 멋쟁이라는 이미지에서 교집합을 보였다. U와 S는 바다나 취미에 대한 이야기를 할 것 같다고 했다. 바다나 레저에 맞을 거 같다는 이미지가 공통적으로 나타났다. 하지만 S가 조금 더 고급스러운 이미지였기 때문에 위쪽에 위치시켰다고 한다. 이는 U를 좋아하는 사람이 언젠가 S도 구입하고 싶다는 생각을 할 가능성을 시사한다.

이처럼 시장에 대한 소비자의 시각을 파티장에 비유해 시장에서의 위치와 각 브랜드의 공통점을 명확히 할 수 있다.

역할극 기법을 사용한다 - 입장을 초월하기 위해

말하기 어려운 것을 말하기 쉽게

역할극 기법(Role-Playing)은 회사 연수 등에서 자주 사용된다. 갓 입사한 사람들이 영업이나 접객의 기본적인 기술을 배우기 위해 고객을 응대하는 상황을 시뮬레이션을 통해 학습한다. 선배 직원이나 강사 앞에서 신입사원을 영업 담당자 또는 응대 담당자 역할을 맡을 사람과 고객 역할을 맡을 사람으로 나누어 실제 업무 현장을 가상으로 체험하면서 기술을 습득하게 돕는다. 역할(Role)을 연기(Play)하면서 배우기 때문에 문자 그대로 역할극 기법이라 한다.

실제 마케팅 인터뷰 현장에서도 이 역할극 기법을 사용한다. 이 경우에는 경험해 보지 못한 일을 시뮬레이션을 통해 훈련하는 것이 아니라, 각 조사 대상자들이 각자가 처한 입장에서 벗어나기 위해 사용한다. 이 기법을 사용하게 되면 원래의 나라면 말하기 어려운 내용이 말하기 쉬워지는 효과가 있다. 자기가 아닌 다른 사람이 되어 자유롭게 표현 할 수 있다.

예들 들어 국산차가 아니라 수입차를 좋아해 선택한 사람의 의식을 탐색할 때에 매우 유용하다. 수입차를 소유 중인 인터뷰 대상자에게 단도직입적으로 "왜 수입차를 타나요?"라고 묻더라도 형식적인 대답만 돌아올 뿐이다. 즉, 잘나 보이고 싶다, 주변 사람들과는 조금 다르게 보이고 싶다 등의 속마음은 알 수가 없다. 이럴 때 자기 자신이 아닌 다른 누군가가 되어 인터뷰 대상자의 마음을 시원하게 드러내도록 하는 것이다.

연기를 하고 있어도 대상자의 마음은 투영된다

역할극 기법은 다음과 같이 진행한다. 인터뷰 대상자는 수입차를 타는 30대 기혼 여성 6명으로 구성되어 있다. 먼저 [도표 7-8]처럼 그림을 보여주고 그룹 구성원 중 한 명을 지명해 "귀하는 오늘 국산차를 좋아하는 A씨 역할을 맡아주세요. 국산차만 타는 사람이 되어 다른 사람들에게 '왜 수입차가 좋은지' 물어봐 주세요"라며 역할을 부여한다.

그리고 나머지 5명의 대상자에게는 "여러분은 B 씨가 되어 A 씨의 질문에 대답해주세요"라고 부탁한다. '수입차를 좋아하는 B 씨에 빙의 되어 대답 해야한다'고 재차 확인한다.

자신과는 취향이 다른 '국산차 애호가' 역할을 부여 받은 A 씨 역할의 여성은 처음에는 당혹스러워 했지만, 시간이 지날수록 "그런데 왜 서비스도 좋고 고장도 적은 국산차 보다 수입차가 좋은가요?" 등

정곡을 찌르는 질문을 하게 된다. 1대 5의 구도로 이야기가 진행되는 게 아니라 자연스럽게 전원이 어째서 수입차를 타는지에 대해 이야기를 주고 받는 상황이 연출됐다.

원래 참석자 전원이 수입차 오너이기 때문에 감정면에서 공통된 부분이 있는데, 이를 말로 표현하는게 쑥스러웠던 것이다. 이런 경우에 역할극이 효과적이다. 인터뷰 대상자는 역할을 부여 받고 평상시의 자기 위치와 거리가 먼 다른 누군가가 되어 부담없이 자유롭게 발언하기 시작한다. 그런데 자유롭게 이야기를 하더라도 완전히 다른 사람이 되어 '말도 안되는 얘기'를 하는 것이 아니라, 평상시의 본인이 그 역할에 투영되어 있기 때문에 인터뷰어가 물을 때 보다도 오히려 더 대상자의 솔직한 마음을 명확하게 알 수 있게 된다.

[사례] 수입차를 좋아하는 여성 6명에게 물어 보기

수입차 오너인 6명의 여성들을 대상으로 역할극 기법을 이용해 '왜 수입차가 좋은지'에 대한 이야기를 들어 본 사례를 소개해 보도록 하자. 6명 중 한 명에게 국산차 애호가인 A 씨 역할을 주고 나머지 5명에게 수입차 애호가 B 씨를 연기하도록 부탁했다.

국산차 애호가 A 씨 역할 여성1: 어째서 여러분은 국산차보다 비싼 수입차를 타나요?

수입차 오너 B 씨 역할 여성2: 그럴 가치가 있는데다 모델 체인지가 적기 때문에 비싸도 오래 탈 수 있다고 생각해서요.

B 씨 역할 여성3: 자기만족이긴 하지만, 내가 느끼는 사회적 위치가 있잖아요. 국산차는 어디를 가도 많이 있지만 수입차는 조금 다른 사람들과 다른 부분이 묘하게 희열을 느끼게 해요.

A 씨 역할 여성1: 가족용 차같은 경우에는 국산차 중에도 괜찮은 차들이 많이 있잖아요. SUV나 미니밴도 있고요. 그런 차는 싫은가요?

B 씨 역할 여성5: 수입차도 미니밴이 나오기 때문에 그럴 거면 수입차를 사는 게 낫죠. 결국 안전성 면에서 수입차가 더 낫다는 이미지가 있어요. 튼튼할 거 같은 이미지요.

A 씨 역할 여성1: 광고를 보면 국산차도 안전성을 많이 강조하잖아요. 수입차의 안전성이란 게 구체적으로 어떤 안전성을 말하나요?

B 씨 역할 여성3: (한동안 침묵) 구체적인 부분은 모르겠지만 단순히 이미지예요. 후기들도 그렇고.

B 씨 역할 여성4: 독일차같은 경우는 아우토반을 고속 질주하는 이미지도 있고, 그런 부분에서 안전성에 대한 이미지가 있죠. 그리고 스타일도 잘 빠졌고요.

A 씨 역할 여성1: 자동차의 기계적인 부분 외에 감정적인 면에서 다른 점이 있나요? 좀 전에 가치가 있다고 말씀하셨는데요.

B 씨 역할 여성4: 다른 사람들과 다른 부분이요.

A 씨 역할 여성1: 다른 사람들과 달라서 어떤 점이 좋은가요?

B 씨 역할 여성5: 우월감, 내 차라는 애착도 있고.

A 씨 역할 여성1: 인테리어는 국산차가 더 낫죠. 승차감이 수입차는 시트가 딱딱한 경우도 있고요. 게다가 국산차가 기술면에서는 앞서고 네비게이션도 달려있고요. 장비 면에서는 국

산차가 단연 뛰어나지요. 그리고 앞으로 유지관리를 생각하면 국산차가 낫죠. 그런데도 왜 수입차를 선택 했나요?

B 씨 역할 여성3: 수입차는 고장이 많기 때문에 그런 면에서는 국산차가 낫죠(웃음). 게다가 수입차는 보상판매 때 받는 금액도 적고요. 이런 걸 생각하면 고급 국산차가 낫죠.

A 씨 역할 여성1: 그러니까요. 그럼에도 왜 수입차를 샀나요?

B 씨 역할 여성2: 멋있어 보이기도 하고 잘나 보이고도 싶고. 결국 허세를 부리는 거라 생각하는데요...... 이거 하나 정도는 허세를 좀 부려보고 싶었어요! (웃음)

A 씨 역할 여성1: 허세라면 뭘 말하나요? 구체적으로 설명해 주세요.

B 씨 역할 여성4: 차에 타면 통이 커지는 느낌이라 그런 의미에서 허세를 부리는 거죠. 실제보다 더 커 보이고 싶달까요...... 고속도로에서 뒤에 오는 차가 무서우면 길을 양보해 주잖아요. 차라는 게 안에 탄 사람 보다도 차 자체를 보여주는 거라고 생각했어요. 상하관계가 분명하거든요. 내 차의 품격이랄까요.

B 씨 역할 여성3: 아파트 주차장에 국산차가 없고 전부 수입차이기는 한데요. 이게 어떤 의미로 보면 생활 스타일이 닮았다는 말이거든요. 집에 들어가 보지 않아도 차를 보면 알 수 있어요.

이처럼 역할극 기법을 사용하면 인터뷰어 대 인터뷰 대상자라는 구도로 이야기를 끌어내는 것 보다 자연스러운 형태로 대상자들이 서로 심도 깊은 대화를 이어 나가게 된다.

인터뷰어는 이 역할극 기법을 구사할 때 참석자들이 역할에 빠져 들어 즐거운 분위기 속에서 진행될 수 있도록 힘써야 한다. '오늘은(이 곳은) 특별(한 자리)'하다는 조건 설정과 함께 극적 연출 또한 중요하다.

콜라주(Collage) 기법을 사용한다 - 시각적으로 표현하기 위해

이미지와 기분을 구현한다

콜라주란 피카소가 그림을 그릴 때 이용한 기법 중 하나이다. 국어사전을 찾아보면 '화면에 종이, 인쇄물, 사진 등을 오려 붙인 후 붓으로 그림을 그려 구성하는 근대 미술 기법의 한가지. 광고나 포스터 등에도 널리 쓰인다'고 되어 있다. 여러분도 이러한 기법을 이용해 그린 그림을 본 적이 있을 것이다.

이 기법은 인터뷰에서도 이용된다. 잡지 등에서 오려낸 화보나 문구를 한 장의 종이에 붙여 인터뷰 대상자가 갖고 있는 이미지나 감정을 표현하도록 하는 기법이다.

여성을 대상으로 본인이 소유한 차의 브랜드 이미지를 콜라주 하도록 부탁한 적이 있다. 대상자들은 모두 30대의 수입차 오너였다. 준비한 잡지는 총 30여권 정도로 월간 여성지(패션 잡지나 정보지), 비즈니스잡지, 해외잡지, 건축잡지, 여행잡지, 월간지 등을 폭 넓게 준비했다. 테이블 위에 산처럼 쌓아 두고 자유롭게 마음에 드는 잡지를 고

르도록 한다. 그 이후부터는 직관을 발휘해 '이거다'하는 생각이 드는 페이지를 찢거나 가위로 오려 준비된 큰 도화지(신문지 1장 정도)에 붙이도록 한다. 도화지와 가위, 딱풀을 한 사람 당 한 세트씩 나누어 주고 작업시간은 15분 정도로 진행한다.

"귀하가 타는 차 ○○(브랜드, 기업명)의 이미지를 이 도화지 위에 표현해주세요. 여기에 잡지가 많이 준비되어 있으니 마음에 드는 잡지를 고르시면 됩니다. 잡지를 보며 마음에 확 와 닿는 것이 있으면 손으로 쭉쭉 찢거나 가위로 잘라도 상관 없습니다. 그림이든 화보든 글씨든 아무것이나 다 됩니다. 잘라서 흰 도화지 위에 붙여주세요. 이때 틀리면 안되는 부분이 있습니다. 차에 타고 있는 사람에 대한 이미지가 아니라, 브랜드 이미지라는 점을 명심하세요. 그럼 10분 동안 진행하겠습니다"라고 설명하며 작업을 부탁한다.

이 콜라주를 통해 여성들이 자동차 브랜드를 '본인의 생활에 어울리는지 아닌지'의 시점으로 보고 있다는 점을 알게 되었다. 이 여성들은 아래와 같은 화보 사진과 문구를 붙여 콜라주를 완성했다(도표 7-9).

도표 7-9. 콜라주 사례

- 아이, 강아지와 함께 있는 여성의 화보 사진 → 여럿이 탄다
- 온천 리조트에서 자쿠지에 몸을 담그고 있는 여성
  → 쉴 수 있을 만큼 안락한 차의 내부 공간
- 한 고급 악세서리 브랜드의 광고 → 조금만 더 노력하면 손에 닿을 수 있는 고급스러움
- '가족을 생각하는 마음'이라는 문구 → 가족들의 이동 수단, 동승자를 소중히 여긴다.
- 빵 가게의 화보 사진 → 쇼핑할 때의 이동 수단

- '자연 속 강과 녹음' → 포근함, 여행에도 이용, 대자연을 달린다

분수에 맞지 않는 브랜드는 어딘지 불안하다는 의식이 있으면서도 실제 자신보다 조금 더 좋게 보이고 싶다는 상반된 심리가 표현되어 있었다. '달린다'는 것 보다는 생활의 한 상황에 어떻게 녹아들 것인지를 중시하고 있었다. 또한 이 브랜드는 가족을 소중히 여기는 이미지도 갖고 있음을 알 수 있었다.

수입차를 타는 남성들에게 동일한 방법으로 콜라주를 진행해 보면 여성들보다도 기업의 기술력이나 선진성, 차가 가진 스피드, 주행 시의 이미지(어디를 주행할 것인가? 도심? 산 길? 눈 길? 해안도로? 등)를 중요하게 생각하고 있었다. 생활의 일부분이 아니라 어디를 달리며, 달릴 때 어떤 점이 굉장해 보이는지 그리고 자신을 어떻게 표현해 주는지를 중시하고 있다는 사실이 나타나 있었다.

이처럼 콜라주를 통해 감정적 베네핏(구입, 사용, 소유가 주는 감정적 베네핏)을 보다 구체화할 수 있다.

콜라주 기법의 결점으로 비용과 시간이 소요된다(잡지 준비 등)는 점, 작업 시간이 필요하다는 점을 들 수 있다. 완성된 보드를 조사 대상자들이 충분히 설명하지 않으면 의미가 없기 때문이다. 단, 해외 고객(클라이언트)에게는 말이 아니라 시각적으로 가치관을 보여줄 수 있기 때문에 이 기법을 사용하는 경우가 많다. 사용하는 언어가 다른

문화권의 소비자를 이해할 때 특히 이 방법이 편리하다.

언어적 표현까지도 구현한다 - '외래어'의 의미

마케팅 분야에서는 원래 한국어에는 없는 외래어가 많이 사용되고 있어 외래어로 표현하면 막연히 알 것 같은 느낌을 주는 개념들이 매우 많다. 프레스티지(prestige), 스테이터스(status), 럭셔리(luxury)와 같은 개념을 구체적으로 표현할 때 말로 표현하도록 하면 말장난이 되어버려 결국 의미를 알 수 없는 경우가 많다. 이럴 때는 말을 쓰지 않고 콜라주로 표현하도록 하는 방법이 효과적이다.

프레스티지를 콜라주로 표현하면 어떤 사람은 차 안의 내장 디자인(가죽 시트) 사진과 강아지를 차에 태운 사진을 붙인다. 또 어떤 사람은 고급스럽게 마감이 잘된 옷을 입었을 때의 착장감으로 표현한다. 또 어떤 사람은 해외에 있는 프라이빗 비치가 딸린 리조트에서 반바지에 T셔츠 차림으로 컴퓨터로 업무를 처리하는 화보를 선택한다. 또 다른 사람은 뛰어난 비경을 지닌 자연으로 모험 여행을 떠난 화보를 선택한다. 프레스티지는 피부에 닿는 감촉, 자유로운 시간, 본인만 알고 있는 세상 등으로 치환될 수 있다.

이번에는 스테이터스를 콜라주 해보자. 유명인이 등장하는 화보, 샹들리에, 수영장이 딸린 호화 저택, 한눈에 알아 볼 수 있는 명품 브랜드의 화보. 한 단계 더 위라는 문구를 붙인 사람도 있다. 스테이터스는 다른 사람들이 보고 알 수 있는 '아이콘적 성격이 중요하다'는 점, 그리고 그런 스테이터스는 10년쯤 전(경제 호황기)을 떠올리게 한다는 사실도 설명을 통해 들을 수 있었다.

가정법을 사용한다
- 시공간을 초월하기 위해

'만일 100억 원짜리 복권에 당첨됐다면?' - 꿈과 욕망을 파헤친다

가정법은 사람들 앞에서 말하기 꺼려할 법한 꿈이나 앞으로의 일 등에 대해 물어볼 때 유효한 기법이다. 평소 사람은 다른 사람 앞에서, 그것도 처음 보는 사람 앞에서 이런 사적인 이야기를 말하려 하지 않는다.

그러나 이럴 때도 마치 게임을 하듯이 '만일 100억 원짜리 복권에 당첨된다면'과 같은 가정법을 사용하면 그 사람이 어디에 돈을 쓸 것이며, 평소 사고 싶지만 꾹 참고 사지 않는 상품이 무엇인지 그리고 어떤 생활을 해보고 싶어하는지 등 여러 방향에서 탐색할 수 있게 된다.

원래 마케팅 정책을 짤 때에는 사람들의 꿈과 욕망을 아는 일이 매우 중요하다. 이 때문에 어떻게 해서든 타깃 층에 속하는 사람들의 꿈에 대한 이야기를 듣기 위해 노력하고 있는 것이다. 이 때 사용하는 가정법은 현실과 자아를 분리해 사람들의 꿈과 욕망을 탐색하는 기법이다. 30~40대 남성들을 모아 좌담회를 진행했을 때의 얘기를 해보자. 처음에는 10억 원으로 이야기를 시작했는데, 10억 원은 '주택담

보 대출을 갚고 나머지는 저금!'하겠다는 현실적인 대답이 쇄도해 좀 더 금액을 올려 100억 원으로 해보았다. 그러자 조사 대상자들은 좌담회가 시작된 지 얼마 되지 않았음에도 진지하면서도 즐거운 듯 이야기 보따리를 풀어놨다.

응답사례

- 전세계를 여행하고 싶다. 그리고 내 축구 팀을 만들고 싶다. (30대)
- 영화를 좋아하기 때문에 내가 직접 친구들과 영화를 만들어 보고 싶다. (취미가 영화보기인 40대)
- 일단 대출금을 갚고 자녀 교육 자금을 따로 떼어놓은 후 제주도에 땅을 사고 싶다. 그 땅에서 유유자적 하며 살고 싶다. 그런데 일은 관두지 않겠다. (자녀를 둔 40대)
- 일을 즉시 그만둔다. 당첨금 중 1/3은 골프, 1/3은 저축 나머지 1/3은 그 동안 도움을 주신 분들에게 드린다. (30대)
- 하와이와 한국 두 곳에 집을 사고 가족들과 쉬고 싶을 때마다 하와이에 갈 수 있게 하고 싶다. 100억 원이 생긴다면 10억 원으로 집을 사더라도 오고 갈 비행기 값을 충분히 델 수 있다. (자녀를 둔 30대)
- 100억원 전부를 투자에 쓴다. (40대)
- 매일 술을 마시겠다. (미혼에 술을 굉장히 좋아하는 30대)

- 전세계를 여행하고 싶다. 여행을 하다 보면 하고 싶은 일이 생길 것이다. 여행을 마치고 돌아와 일을 시작하고 싶다. (30대)
- 산과 바다를 좋아하고, 컴퓨터만 있으면 어디서든 일을 할 수 있기 때문에 지금 하고 있는 일을 바로 그만 두고 산과 바다를 만끽할 수 있는 곳에 집을 산다 그리고 집사람이 언젠가 음식점을 해보고 싶어 하기 때문에 남은 돈으로 집사람 가게를 차려주겠다. (자녀가 없는 40대)

'만일 애용하는 상품이 없다면?' - 양보할 수 없는 취향에 대해 묻는다

이 질문도 조사 대상자들에게 자주 던지는 질문이다. 특정 상품을 잘 사용하고 있는 소비자에게 "만일 당신이 항상 사용하고 있는 ○○가 지금 없다면 대신 무엇을 살 건가요?"라고 물어봄으로써 경쟁제품을 확실히 확인하는 방법이다. 일용품이나 식품같은 경우에 특히 효과적이다. 이렇게 물어봄으로써 구입할 때 매장에서의 감정을 보다 구체적으로 상기시킬 수 있다. 이를 통해 사람은 상상 이상으로 몇 개 안되는 아주 적은 선택지 중에서 상품을 선택하고 있다는 점을 알 수 있다.

[사례] 항상 사던 생수가 없다면

예를 들어 항상 생수A를 산다고 대답한 사람은 만약 A가 없으면 대신 생수B나 C를 사겠다고 대답했다. 그런데 D는 절대 살리 없다고 대답했다. E는 선택지 안에 들어 있지도 않았다.

식품이나 음료는 '습관이기 때문에 사던 제품을 항상 산다'고 대답한 사람이 많은데, 습관이라 몇 가지 브랜드 중에서 선택한다는 의미다. 도대체 몇 개의 브랜드를 항상 염두에 두고 있는 것일까? 실제로 다른 제품으로 갈아탈 가능성이 높을까? 현재 구입하고 있는 브랜드에 대한 집착이 강한가?와 같은 질문을 하면 대상자 mind map 상 특정 브랜드군에 대해 알 수 있다.

대답사례

- 나는 만약 생수A가 없으면 B나 C를 사도 상관없다. 단순히 A가 깔끔한 맛에 목 넘김이 잘 넘어가는 이미지라 그렇다. B와 C도 비슷하다. 하지만 D만은 절대 사지 않겠다. 강한 신 맛이 느껴져서 싫다.

  → D는 경쟁제품이 될 수 없다. B와 C는 대체품이 될 수 있다.
- 나는 만약 A가 없다면 다른 가게로 가겠다. 거기에도 없으면 페트 병에 든 녹차를 사겠다.

  → 여러 생수 중 A에 대한 충성도가 높다. 경쟁제품은 물이 아닌 녹차.

'만일 당신이 거기에 있다면?' - 시각적인 인상을 묻는다

광고에서 사용하는 시각적 표현이 추상적이어서 시각적으로 전달되는 분위기(광고제작 현장에서는 이를 'tone & manner'라 한다)가 시청자들에게 어떻게 전달되고 있는지를 파악할 때 사용하는 것으로 "만일 당신이 거기에 있다면?"이라고 묻는 방법이다.

"이 광고를 보고 어떤 기분이 드나요?"라고 묻는 대신 "귀하가 지금 이 광고 속으로 들어갔다고 한다면 어떤 느낌이 들까요? 또 어떤 것이 보이나요? 이 화면의 오른쪽 끝에 뭐가 있나요?"등 영상이나 그림 속으로 들어가 주변 세계를 상상함으로써 시각적으로 느껴지는 기분을 이야기하도록 한다. 신체적 감각, 피부적 감각에 집중해 이야기하도록 하는 것이다.

[사례] 악세서리 광고에 대한 인상을 묻는다

한 악세서리 업체는 해질 무렵 자연 속에 있는 큰 반지 하나를 담은 사진을 잡지 광고 안으로 제시했다. 인터뷰 대상자에게 "이 광고에서 뭐가 느껴지나요?"라고 물었지만, 처음에는 "뭘 말하는 광고인지 모르겠다. 잘 전달이 안된다"라는 반응이 나왔다. 그래서 "여러분이 이 광고 안으로 들어갔다고 상상해주세요. 그 곳은 어떤 기분이 드는 곳이고 여러분은 어떤게 느껴지나요?"라고 질문했더니 어떤 한 명이 "반지가 나를 향해 "나를 데려가"라고 말하고 있어요. 나도 모르게 반지에 손을 댈 것 같아요", "자연 속에서 아름다운 보물을 발견한 듯한 기분"이라고 대답했다. 이러한 감각적인 부분은 단순히 말로만 물어서는 듣기 어려운 이야기이다. 제작자는 현재의 비주얼 디자인을 보면 어떤 기분이 드는지, 광고에서 어떤 분위기와 메시지를 느끼는지를 듣고 제작 의도와 어긋나지 않았음을 확인할 수 있었다.

'만일 누군가에게 설명을 한다면' - 본질을 파헤친다

이 방법은 대화의 마지막 부분에 나왔던 이야기들을 정리할 때 자주 사용하는 방법이다. 2시간 동안 함께 이야기를 나누며 여러가지 다양한 의견이 나오는데, 이 때 조사 대상자들의 머리 속에 결국 무엇이 남아 있는지를 한 두마디로 정리하면 어떤 표현이 되는지를 파악하기 위해 이 방법을 사용한다. 요약에 해당하는 작업이다.

대상자는 자신의 말로 본 것을 말해주기 때문에 기업이 전달하고자 하는 것과 대상자가 사용하는 말의 온도 차나 거리감을 파악할 수 있다.

[사례] 만일 본인의 자녀에게 설명을 한다면?

가령 "귀하가 오늘 댁으로 돌아가 오늘 본 광고를 자녀(또는 부인)에게 얘기해준다면 어떤 광고였다고 설명하겠습니까?"라고 묻는다.

"악세서리 업체가 이번에 젊은 사람들을 대상으로 한 상품의 광고를 만들었다"고 설명하는 사람, "뭐가 뭔지 모르겠지만, 지금까지의 이미지를 바꾸고 싶어하는 광고였다", "내 힘으로 사야지 하는 마음을 먹게 만드는 광고였다", "이유는 모르겠지만 친숙함을 느꼈다" 등 본인이 느낀 의미를 이야기 하게 된다.

필자는 지금 책을 읽고 있는 당신에게 질문을 던지고 싶은 심정이다. 당신은 이 책을 다 읽은 후 다른 사람에게 설명을 한다면 어떻게 설명하겠습니까?

"왠지 사람들에게 어떤 주제에 대해서 묻고 싶어 지게 만드는 책입니다!"라고 당신이 말한다면 필자는 대단히 기쁠 것이다.

인터뷰 기술을 습득해 비즈니스 상 발생하는 수많은 과제를 멋지게 해결해 나가길 바란다.

맺음말

조카 딸이 '자전거 타는 법을 알려 달라'고 졸라 대는 통에 함께 공원에 갔을 때의 일이다. 문득 이런 생각이 들었다. 나는 어떻게 자전거를 탈 수 있게 되었을까? 페달에 발을 올릴 타이밍, 균형을 잡는 법, 브레이크 사용법 등이 모든 것을 나는 당연하게 자유자재로 구사하고 있었다. 이를 새삼 다른 이에게 가르치려 보니 어렵다는 사실을 깨달았다.

이 책을 쓰는 도중에도 수없이 이런 생각을 했다. 교과서가 있어서 그를 통해 배운 게 아닌 인터뷰 기술을 어떻게 해야 문자로 설명을 할 수 있을까? 이는 나에게 큰 도전이었다. 시장조사 회사에서 트레이닝을 받을 때 운이 좋아 감사하게도 선배의 인터뷰를 관찰하며 체험을 거듭하면서 현장의 분위기를 체득할 수 있었다. 이는 당연히 상사와 선배의 적절한 지도와 조언이 매우 중요했는데, 관찰을 하는 사이에 비언어 정보를 통해 배운 것들도 상당히 많다. 분명 가부키나 교겐(일본의 고전 연극 중 하나) 등의 예술을 공부할 때도 이와 마찬가지로 문자가 아니라 눈으로 보고 몸으로 느끼며 습득해 나갈 것이다.

마케팅 인터뷰의 기술은 두 가지 기술로 구성된다. 상대에게 경청하고 있는 자세를 보여주며 맞장구도 치고 상대의 침묵도 받아주면서 상대방으로부터 정보를 얻는 '듣는 기술'. 그리고 마케팅의 기본 지식을 습득한 뒤 매우 적절한 질문을 구성해 상대에게 물어보는 '질문 구성의 기술'이다. 이 두 가지 기술에 기반해 최대한 많은 경험을 쌓는 수밖에 없다. 이와 더불어 어떤 사람이든 '논리'와 '감정'의 영역, '언어'와 '비언어'의 영역, '행동'과 '의식'의 영역과 같이 상반되는 영역을 각각 지니고 있기 때문에 시간과 장소에 맞춰 상대가 어느 영역에서 이야기하고 있는지를 판단해 그 때 그 때 대처할 수 있도록 해야한다.

이 책을 읽으신 분들이 '그래도 역시 내가 경험을 해봐야 알지!'라고 생각하고 인터뷰를 실행한다면 이는 나에게 더할 나위 없는 기쁨이 될 것이다. 이 책에서는 인터뷰를 진행하는데 있어 주의해야할 사항도 상세하게 설명했는데, 인터뷰를 너무 딱딱한 것으로 생각하지 말고 당신만의 방법으로 자유롭게 시도해 보길 바란다. 비즈니스뿐만 아니라 사생활에서도 인터뷰 기술은 여러모로 활용 될 수 있다.

만약 당신이 마케팅 전략이나 상품 개발 중에 난관에 봉착했을 때 인터뷰를 실시한다면 힌트를 발견할 수 있을 것이다. 의견에 대한 확신을 갖고 결정을 내릴 때에도 인터뷰는 도움이 된다. 설령 소비자가 기획자가 고안해 낸 아이디어를 신랄하게 평가한다 하더라도 그를 통해 방향을 수정하면 된다. 조사 결과가 모든 것을 결정 짓지는 않는다. 조사를 통해 무엇을 배우고, 그 결과를 어떻게 받아들일지가 문제이다. 상대방의 이야기를 듣는 자세를 가지고 의견을 듣지만 결론을 내리는 것은 당신(회사)이다.

본 책을 마치기 전에 도요경제신보사의 계간지 『Think!』의 편집부에 필자를 소개해 주시어 이처럼 서적의 형태를 갖출 때까지 수많은 조언을 해

주신 사이토 요시노리 씨와 비즈니스 코퍼레이션사의 여러분들께 깊은 감사의 말씀을 드립니다. 그리고 도요경제신보사의 여러 분들께도 진심으로 고맙습니다.

지금까지 다양한 인터뷰를 의뢰해 주신 클라이언트 여러분과 시장조사 회사에 근무하던 시절 같이 일했던 여러 분들에게도 감사 말씀 드립니다. 여러분들 덕분에 경험했던 수많은 프로젝트가 없었다면 이 책은 나올 수 없었습니다. 때때로 인터뷰가 원활히 진행되지 않을 때에도 격려와 응원의 말씀을 보내주신 점 정말 고맙게 생각하고 있습니다.

제가 태어나고 성장한 타인에게 너그럽고 따뜻한 가정이 처음보는 사람과 함께 하는 자리를 겁내지 않는 제 성격을 만들어 주었다고 생각합니다. 그래서 부모님에게 세상에서 가장 큰 감사의 뜻을 전하고 싶습니다.

마지막으로 이런 저런 상황이 벌어질 때마다 같이 의논해 주고 막다른 골목에 부딪혔을 때 무관심 한 듯 힌트를 던져주었던 남편에게도 진심으로 감사의 마음을 전하는 바입니다.

저자